LE SALUT DE LA FRANCE

LE

SALUT DE LA FRANCE

PAR LA LIBERTÉ

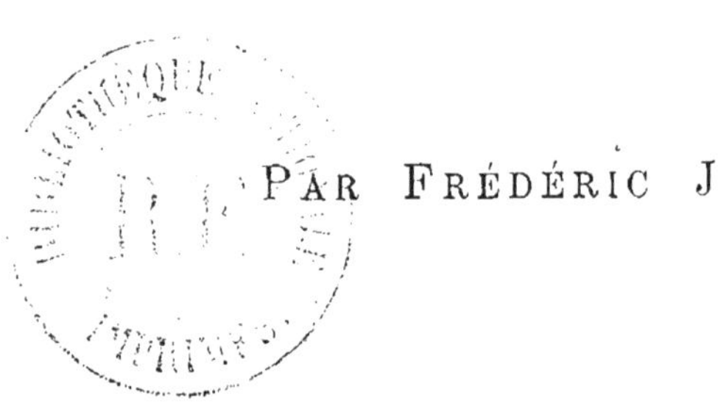

PAR FRÉDÉRIC JACQUES

PARIS

LIBRAIRIE POUSSIELGUE FRÈRES, RUE CASSETTE, 27

—

1872

PRÉFACE

Dessillé brusquement par les éclairs imprévus du canon et les flammes du pétrole, l'esprit public avait su démêler un moment, à travers les mensonges de la civilisation contemporaine, le travail de corruption qui rongeait la France et la menait fatalement aux désastres de Sedan et aux massacres de la Commune. Aussi, à voir l'unanime indignation du pays ; à entendre les anathèmes dont l'opinion flétrissait les souillures du passé, devait-on compter sur le réveil des âmes, et croire l'heure de la régénération prochaine. Depuis lors nos campagnes dévastées ont pu reverdir et les ruines de Paris et de nos villes incendiées reprendre quelques lambeaux de leur ancienne parure, la fièvre de l'industrie et du négoce est venue galvaniser la nation et la science revendiquer la mission de restaurer son prestige ; déjà nos maux paraissent oubliés, et l'oubli des douleurs emporte, hélas ! le souvenir des fautes. Nous voici retombés dans nos chimères, repris de notre engouement pour le badigeon libéral des doctrines modernes : les affaires revivent, la spéculation s'agite, la bourse monte, et nous nous croyons guéris, sauvés, et nous retournons follement au narcotique qui, durant tant d'années, nous retint endormis sur l'abîme.

Et pourtant le gouffre reste béant et l'horizon

toujours noir. Bien plus, des voix pleines d'autorité poussent de toute part le cri d'alarme. Elles nous rappellent les promesses mensongères des rhéteurs des dernières années de l'empire ; les congrès et les ligues de la paix ; les pompeux défis jetés à la guerre au nom de la science, de l'industrie et des liens internationaux créés par le commerce ; le protestantisme encensé par la philanthropie comme un foyer de progrès, comme le tombeau des superstitions cléricales, comme un porte-flambeau du rationalisme, de la morale indépendante et des symboles maçonniques : et tout à coup, malgré ces présages, l'orage éclatant en plein azur, en dépit des relations commerciales ; la France ravagée par les soldats de l'Allemagne protestante accourus du berceau des lumières rationalistes et conduits au combat par l'un des princes de la grande secte humanitaire ; et enfin Paris broyé par la Commune, au nom de la fraternité maçonnique, à la faveur de ses bannières arborées sur les murs de la capitale. Mille avertissements nous convient à méditer sur ces douloureux mécomptes : stériles efforts ! les cris des sentinelles se perdent dans l'épaisseur de la nuit ; nous nous efforçons de ne point entendre, et nous voulons dormir.

Pour secouer cette léthargie, il faudrait le concert de toutes les âmes croyantes et de toutes les intelligences qui voient. Tous devraient parler et donner leur appoint. C'est à ce titre seul que nous écrivons, que nous venons, dans la mesure de nos forces et de nos lumières, aider au réveil et montrer les écueils. Une voix isolée, si puissante soit-elle, ne peut rien ; uni aux autres, le cri de la faiblesse a sa valeur.

Ce ne sont pas d'ailleurs nos propres idées que nous

venons préconiser : en matière aussi grave, il fallait puiser à des sources sûres, et ne produire que des doctrines recommandées par l'autorité du nom et de l'orthodoxie (1). Nous y renvoyons le lecteur.

Nous croyons sans doute à l'énergie vitale de la France et à sa régénération, mais à la condition que l'acier d'une main ferme saura trancher dans ses vieilles blessures : c'est par ses chairs meurtries et par ses plaies rouvertes que le sang vicié sortira de ses veines, et que la vie chassera la mort.

(1) Le P. Ventura, M. de Bonald, M. Le Play.

LE SALUT DE LA FRANCE

PAR LA LIBERTÉ

I

LA LIBERTÉ DEVANT LE POUVOIR.

La vie sociale s'étiole en France comme s'éteindrait un homme privé d'air.

La liberté est l'atmosphère morale des individus comme des peuples ; et nulle part les masses, plus qu'en France, ne se sont agitées, fatiguées, épuisées pour conquérir leur indépendance. Mais si, l'âme pleine d'espoir, mesurant la rapidité de nos progrès à l'énergie de nos efforts et à l'intensité de nos fatigues, nous faisons halte un moment sur la route, pour porter en arrière ces regards complaisants qu'appelle le succès, grand Dieu, que de désillusions ! La liberté est atteinte en France dans les organes des plus élémentaires fonctions de l'existence sociale.

Vivre, c'est pour un peuple s'assimiler les aliments de l'intelligence et du cœur, en proportion des forces de l'âme et de leur développement, chez les générations qui le constituent. De là deux fonctions capitales dans la vie d'une société : l'*enseignement*, qui diffuse l'alimentation intellectuelle et morale destinée à la formation des éléments sociaux ; et l'*association*, qui organise ces éléments et les relie en faisceaux puissants, pour l'œuvre du bien commun. Entraver la liberté de ces deux fonctions, c'est s'attaquer aux sources mêmes de la vie, c'est condamner un peuple à périr.

L'enseignement commence à l'enfance sur qui repose tout l'avenir social et dont l'éducation bien ou mal conduite devient pour le pays un principe infaillible de grandeur ou de décadence. Si donc il est un droit naturel en vertu duquel le soin d'élever l'enfance soit le patrimoine exclusif d'une dignité sociale, c'est un crime de lèse-nation que d'y porter atteinte. Or, le droit de nourrir l'intelligence et le cœur de l'enfant est au même titre le patrimoine indéniable de la dignité paternelle, que le droit de pourvoir à la vie de son corps. La pépinière où doivent s'enraciner et grandir les futurs soutiens du corps social, s'appelle la famille. A la famille seule le droit d'instruire et d'élever l'enfance, et nul pouvoir étranger ne saurait le lui disputer. Comment dès lors qualifier les usurpations des pouvoirs publics sur ce domaine inviolable de la souveraineté domestique ; par quel principe justifier leur intervention quasi exclusive ? On ne conteste point à la mère le droit d'allaiter les enfants qu'elle a mis au monde ; au père le droit de nourrir à sa table les fils dont Dieu l'a fait créateur ; et quand il s'agit non du corps, mais de l'âme de l'homme, de former non pas l'être animal et soumis, mais l'être intelligent et libre, le droit de la famille disparaîtrait devant les prétentions du pouvoir ? Ce serait méconnaître étrangement l'origine et la mission des pouvoirs publics.

La famille, société type et premier noyau de toute agglomération politique, est le berceau de tous les droits naturels comme de toutes les dignités sociales : c'est pour leur maintien absolu que les individus et les familles se sont groupés en nation sous l'autorité d'un commun gouvernement, et qu'ils lui ont au besoin confié la force ; en sorte que le soin de la sauvegarde de ces dignités et de ces droits soit la seule raison d'être du pouvoir de l'Etat. Ces vérités sont élémentaires, et l'honnêteté la plus vulgaire se révolte à l'idée d'un pouvoir politique confisquant le dépôt confié à son honneur et à sa vigilance. Tel est cependant le joug qui, depuis quatre-vingts ans, pèse sur la France par l'iniquité du monopole universitaire.

Nous ne critiquons pas le principe même de l'Université comme institution libre; car si le droit d'enseigner appartient à la famille, à elle aussi revient le droit de déléguer, pour instruire la jeunesse, des maîtres choisis selon ses convictions. Mais nous condamnons l'Université comme corps enseignant régi par l'Etat, et tendant à revendiquer pour elle seule le droit d'enseignement à tous les degrés.

Cette tyrannie, nous le savons, a subi de violentes attaques; et l'intrépidité des champions du droit a su reprendre à l'Etat quelques lambeaux de liberté. Mais, sans rappeler les caresses scandaleuses dont l'Université jouit sous l'égide du pouvoir, et les vexations ministérielles qu'ont à subir un grand nombre d'établissements privés, qui ne vivent que par l'héroïsme du dévouement; l'effort de la famille, à peine en possession des deux premiers degrés de l'enseignement, vient échouer aux portes de l'enseignement supérieur, et, par le danger toujours imminent de l'instruction primaire obligatoire, le terrain conquis d'hier reste menacé d'un nouveau coup de main.

La formation de l'âme sociale par l'enseignement ne s'arrête pas aux bancs du collége, elle se poursuit dans la vie civile, où l'adolescent n'abandonne les leçons du maître, que pour retrouver les doctrines d'une autre école, l'école des livres et de la presse.

La presse est l'expression la mieux accusée de l'état de civilisation d'un peuple. C'est par elle que la parole humaine, rayonnement de l'âme, arrive vivante à la postérité à travers les ruines et les tombeaux du temps, et demeure ainsi pour chaque âge le testament impérissable des ancêtres. Fidèle reflet des mœurs d'une nation, de son honnêteté et de ses vertus, comme de ses erreurs et de ses vices, elle est la maîtresse écoutée des générations de l'avenir, le modèle proposé à leur imitation et toujours reproduit, et par conséquent une force conservatrice ou destructive de l'ordre social.

A notre époque plus spécialement, le rôle de la presse est devenu prépondérant par son influence marquée sur l'opinion publique. L'opinion publique est une puissance toute nouvelle, inconnue des siècles précédents, et développée dans la société moderne par l'effet de ses tendances démocratiques.

M. de Tocqueville en parle en ces termes dans ses études sur la démocratie américaine :

« L'homme, dit-il, qui vit en société, subit nécessairement l'influence des idées et des sentiments qui dominent autour de lui. Pour lutter constamment contre cette influence, il aurait besoin d'une force morale presque héroïque, et l'héroïsme n'est jamais que le privilége d'un petit nombre. Au lieu de remonter le courant, les âmes ordinaires se laissent emporter. Dans les sociétés aristocratiques, c'est la raison supérieure d'un homme ou d'une classe qui gouvernera l'opinion des masses ignorantes accoutumées à la soumission ; le contraire arrive dans les siècles d'égalité. — A mesure que les citoyens deviennent plus égaux et plus semblables, le penchant de chacun à croire aveuglément un certain homme ou une certaine classe diminue : la disposition à croire la masse augmente, et c'est de plus en plus l'opinion qui mène le monde.

« Le public a donc chez les peuples démocratiques une puissance singulière, dont les nations aristocratiques ne pouvaient pas même concevoir l'idée. Il ne persuade pas ses croyances, il les impose et les fait pénétrer dans les âmes par une sorte de pression immense de l'esprit de tous sur l'intelligence de chacun ».

L'opinion publique, si prépondérante dans les sociétés démocratiques, tombe donc fatalement sous l'empire de la presse ; en sorte qu'il a suffi au pouvoir politique de s'emparer en France de ce gouvernail, pour diriger l'opinion et imposer au pays la plus humiliante des servitudes.

La presse est de droit naturel, comme le droit de penser et de parler, comme le droit d'enseigner, parce qu'elle touche comme eux à la vie de l'âme. Toutefois, si le droit d'enseigner est le droit spécial de la famille, le droit de penser et d'écrire ou le droit à la presse est essentiellement individuel. Malheureusement la presse a déjà amoncelé de telles ruines, elle a corrompu tant de sociétés, jeté bas tant de trônes, que l'on n'ose plus l'accueillir dans le sanctuaire de nos libertés. Reconnaissons d'abord que la part faite dans la .presse à la cause de la vérité a toujours été fort restreinte et souvent nulle: un partage au moins égal aurait prévenu bien des violences, et la France surtout moins coupable serait aujourd'hui moins humiliée.

La presse, comme tout ce qui tient à la vie de l'âme, est de droit naturel dans la sphère exclusive de la vie intellectuelle et morale, c'est-à-dire dans la sphère du vrai et du juste; hors de là le droit disparaît : propager l'erreur, patronner le mal c'est attenter à la vie de l'âme, c'est faire acte, non de liberté, mais de licence. La liberté n'est que la faculté d'exercer un droit : le droit dérive de l'être, de la vie, et non point du néant, de la mort.

Mais le droit à la presse est, disons-nous, un droit individuel. L'exercice libre de ce droit par un grand nombre d'individualités, imbues d'opinions souvent fort dissemblables, entraînera des conflits bien capables d'embarrasser les pouvoirs politiques dans l'accomplissement de leur mission. Tout gouvernement, s'il est honnête, puisera cependant dans son tact des moyens sûrs d'en triompher. Et s'il faut aller jusqu'aux concessions extrêmes; si les circonstances veulent, pour ne point empirer le mal, qu'on en supporte le rebutant contact, toujours l'autorité devra-t-elle ses encouragements à la vérité, et veillera-t-elle au moins à ne pas restreindre la liberté de son langage.

Tel est le rôle du pouvoir dans sa mission protectrice du droit à la presse. Mais confisquer la presse en vertu de la souveraineté, y pétrir comme dans un moule cette pâte complaisante de l'opinion publique, y jeter soi-même ou convier le mensonge à y verser le poison social, en écarter systématiquement les protestations de la justice, voilà le crime de l'autorité politique, crime étranger aux annales du passé, et pour la première fois recueilli par l'histoire, à la confusion de notre siècle et de notre pays.

N'était-ce point la tactique du dernier régime de façonner ainsi par ses journaux l'opinion de la masse, d'en préparer insensiblement l'esprit en prévision de sa politique si souvent déloyale? Qui ne se rappelle cette longue période d'avertissements et de suspensions où étaient frappés d'interdit les journaux suspects au gouvernement? Pour qui les faveurs, sinon pour les publicistes démolisseurs de l'ordre social? pour qui les sévérités et les disgrâces, sinon pour les champions de la bonne cause ?

Livrée par la presse au caprice du pouvoir , l'opinion publique subissait donc en France une pression despotique ; et la nation s'en allait à grands pas vers la servitude intellectuelle, esclavage inévitable, parce que les âmes n'absorbaient plus qu'une alimentation viciée, développement logique, on le verra plus loin, des doctrines inculquées à la jeunesse des écoles, par le monopole universitaire.

Comme seconde fonction capitale de la vie d'une nation, nous avons indiqué le groupement de ses forces individuelles par les liens de l'association.

Dieu qui a fait le monde n'a rien laissé au hasard : tout est harmonie dans ses œuvres; et la vie matérielle et la vie morale sont régies par des lois d'une indéfectible unité. Le lait maternel indispensable à l'enfance, le pain plus substantiel aliment des organes mieux formés, ne suffisent point à la conservation et au développement de la vie matérielle : il faut de plus au corps les éléments assimilables de l'atmosphère. Mêmes exigences dans l'ordre moral. Les leçons du foyer domestique, du collége, et plus tard, dans la vie civile, de l'expérience et des livres, réclament un complément sans lequel toute vie sociale languit; l'âme comme le corps veut un air libre, une atmosphère respirable. Les transformations incessantes qui vivifient l'atmosphère, suivant les besoins des êtres matériels, dérivent des relations créées entre eux, et sont le fruit d'un apport commun auquel chacun d'eux participe : ainsi la vivification de l'atmosphère morale, indispensable à l'existence des âmes, résultera de leur étroite association et d'un tribut commun de vérités et de vertus, dont chacune d'elles fournira sa part.

Indépendamment de la fin propre aux sociétés politiques et des liens sociaux qu'elles créent dans la vie civile, on conçoit aisément, parmi les membres d'un même état social, des groupements partiels, inspirés par la similitude des idées, des sentiments, des désirs. Chaque groupe resserrant d'un unanime accord les liens de l'agrégation première, forme ainsi une association privée, en vue d'un bonheur plus complet, d'une fin plus haute, d'une existence intellectuelle et morale plus parfaite, que ne sauraient l'être le bonheur, la fin, la vie de la société purement politique. Il s'en faut de beaucoup que tous les hommes soient honnêtes et que chaque individualité, dans la transformation de l'atmosphère sociale, apporte à la communauté un appoint toujours fécond ; mais là, dans le concert des associations privées, l'âme humaine trouvera des compensations nombreuses à la stérilité ou à la corruption des apports individuels ; et l'étroite union des intelligences et des cœurs ligués pour le bien, maintenue, quoi qu'il advienne, dans un Etat, en sera le rempart le plus inexpugnable.

Est-il besoin d'insister sur l'importance du droit d'association, source de vie pour l'âme, au même titre que l'enseignement et la presse ? Mais si nous avons vu jusqu'alors la tendance des pouvoirs à l'oppression des droits sociaux, grandir avec l'authenticité de ces droits, serons-nous surpris de retrouver ici la même main violente de l'usurpation ?

Ouvrez le recueil de la législation française, qu'y lisez-vous? Que « *nulle association... ne pourra se former qu'avec l'agrément du gouvernement et sous les conditions qu'il plaira à l'autorité publique d'imposer à la société* (1) ». Et si l'on demande quelles associations l'autorité politique a jusqu'ici

(1) Code pénal, art. 291.

protégées, rappelons-nous les dernières années de l'histoire contemporaine.

Il y a trente ans, quelques jeunes hommes de classes diverses, de conditions sociales fort inégales, se réunissaient à Paris sans éclat. Alors, comme de nos jours, les rhéteurs de la démagogie prêchaient au peuple, au nom de l'égalité et de la fraternité, la haine du travail contre le capital, de l'ouvrier contre le patron, du pauvre contre le riche. Ces jeunes gens se dirent : allons à l'ouvrier, au pauvre, au malheureux que l'on trompe; montrons-lui que les rhéteurs mentent, que les mots d'égalité et de fraternité sur leurs lèvres ne sont qu'un sacrilége emprunt fait au Calvaire, que ces principes resplendissent en tête de la constitution chrétienne, écrite sur le fronton de l'Eglise avec le sang du Rédempteur. Répandons-les dans les mansardes, dans les prisons, dans les bagnes, avec notre or si nous sommes riches, notre obole si nous sommes pauvres; mais surtout avec notre âme, avec notre cœur.

Ils étaient dix à peine, quelques jours plus tard ils étaient cent, puis mille; et leur phalange grossie dépassa nos frontières et inonda l'Europe, y portant une fois de plus le renom de la France dans les plis du drapeau catholique et français de Vincent de Paul.

Or, un jour il vint un homme, un ministre du dernier régime, une de ces intelligences sataniques que l'on voyait aux plus mauvais jours de la dynastie s'imposer aux conseils du trône :... un coup de plume et ce fut fait. L'étendard de la charité fut mis en pièces, l'édifice chrétien de la plus égalitaire et de la plus fraternelle des institutions renversé, et sur ses ruines les sociétés secrètes, quittant leurs repaires, s'implantèrent triomphantes, sous le regard souriant de la législation.

Alors s'accomplit au grand jour la démolition sociale commencée dès longtemps dans les souterraines demeures de la révolution. Toute l'armée maçonnique s'ébranla, le mazzinisme et le carbonarisme; les Solidaires, dont on ose à peine retracer le symbole : « *plus de Dieu* (nous n'inventons pas, c'est écrit dans leur code), *plus de Dieu ni à la naissance, ni au mariage, ni à la mort* »; la ligue d'enseignement par la morale indépendante, c'est-à-dire de l'enseignement sans religion et sans morale, qui, pour mieux chasser Dieu de la nation, entreprit de le bannir de l'âme de l'enfance, de l'âme surtout de la jeune fille et de la femme. Toutes ces sectes, comme des vampires, s'attachèrent au cœur de la France pour en sucer la vie. Elles eurent mieux que la neutralité des lois, elles obtinrent de hauts patrons et des Mécènes. La ligue d'enseignement fut l'œuvre d'un ministre dont le cynisme souleva à peine quelques rares protestations à la tribune des chambres françaises!

Vinrent enfin les scandales du Vauxhall, de la Redoute et du Vieux-Chêne, où l'ennemi seul parlait en maître, où toute voix honnête était bâillonnée ou sifflée, où religion, morale, famille, tout était blasphémé en présence des commissaires impassibles. Aussi l'empire est-il tombé, mais comme un automédon malhabile qui, emporté vers l'abîme par des coursiers longtemps excités sous un sot aiguillon, y roule un jour écrasé avec l'attelage et les débris du char.

Ainsi les pouvoirs politiques, trahissant la foi jurée à la nation, foulant aux pieds leur mission protectrice de la sécurité des droits généraux et individuels, s'emparaient en France des trois grands canaux de la vie sociale, et se faisaient les amphitryons des âmes. Ainsi tombait l'édifice de nos libertés, jeté bas par la licence sous le patronage inique du gouvernement : liberté du père de famille étouffée par le monopole universitaire, liberté de l'opinion circonvenue par la presse autoritaire, liberté d'association ruinée par la maçonnerie officielle. La licence est entrée dans l'Etat sous le masque de la liberté; nous demandons que le masque tombe, et que sur les ruines de la licence on relève le faisceau de nos droits reconquis.

II

LA CORRUPTION PAR L'ACTION DU POUVOIR

La servitude eût été moins amère si les pouvoirs, respectant l'âme de la nation captive, l'avaient nourrie d'un pain salubre; mais, en haut comme en bas, dans toutes les classes et chez tous les âges, c'est le poison que l'on a prodigué.

L'enfance, à peine sortie du foyer domestique, apporte au collége une âme frêle comme son jeune corps: c'est une table de cire, où le maître va buriner les lignes puissantes du grand ouvrage qu'on appelle l'éducation. La cire, de jour en jour affermie, acquerra bientôt la dureté de la pierre, et gardera de ces premières leçons les traces à jamais ineffaçables. C'est donc la science du devoir qu'il importe avant tout d'enseigner à l'enfance, devoir de l'homme envers Dieu dont il est l'œuvre, envers l'homme dont il est le frère; en sorte que, l'âme imbue des principes religieux et sociaux qui sont les seules bases de la vraie civilisation, l'enfant devienne capable de concourir un jour au bien commun.

Il y a loin, malheureusement, du principe à l'application: on agit véritablement en vue de maximes toutes contraires, et l'enfance ne reçoit guère, dans les colléges de l'Etat, que des leçons corruptrices du cœur et de l'intelligence.

Nous voulons, pour justifier cette grave accusation, emprunter ici les paroles de Lacordaire:

« Elève médiocre, dit-il en parlant des ruines dont son âme était redevable aux doctrines de l'école universitaire, aucun succès ne signala le cours de mes premières études: mon intelligence s'était abaissée en même temps que mes mœurs, et je marchais dans cette voie de dégradation qui est le châtiment de l'incroyance et le grand revers de la raison..... Un cours de philosophie pauvre et sans étendue termina le cours de mes études classiques. Je sortis du collége à l'âge de dix-sept ans avec une religion détruite et des mœurs menacées... Rien n'avait soutenu notre foi dans une éducation où la parole divine ne rendait parmi nous qu'un son obscur, sans suite et sans éloquence ; tandis que nous vivions tous les jours avec les chefs-d'œuvre et les exemples d'héroïsme de l'antiquité. Le vieux monde, présenté à nos yeux en ses côtés sublimes, nous avait enflammés de ses vertus ; le monde nouveau, créé par l'Evangile, nous était demeuré comme étranger. Ses grands hommes, ses saints, sa civilisation, sa supériorité morale et civile, le progrès enfin de l'humanité sous le signe de la croix nous avait échappé totalement. L'histoire même de la patrie à peine entrevue nous avait laissés insensibles, et nous étions français par la naissance sans l'être par notre âme ».

Non moins grand par le cœur que par l'intelligence, Lacordaire était incapable d'une ingrate prévention contre les maîtres qui avaient formé sa jeunesse ; et à vouloir mettre en doute l'impartialité de son jugement, il y aurait moins à craindre le zèle outré du chrétien que la reconnaissance exagérée du disciple. A part quelques réserves sur *l'héroïsme de l'antiquité* et les *côtés sublimes du vieux monde*, le témoignage que nous invoquons est donc pleinement désintéressé et tranche la question de prime abord.

D'ailleurs, sans prétendre ni apprécier la valeur intrinsèque et l'influence propre des classiques païens, ni aborder un ancien débat qui a beaucoup occupé la presse, il nous suffit d'insister sur les deux caractères principaux de la perversion de l'enseignement universitaire : le rationalisme sceptique de l'Etat et de ses professeurs, et une disette presque absolue des leçons du catéchisme et de la philosophie chrétienne. Eclairés des lumières de la religion naturelle, les païens d'Athènes et de Rome nous ont, il est vrai, légué des pages dignes de la plume d'un chrétien, et que la libre pensée n'hésiterait pas à attribuer à celle du fanatisme catholique ou d'un juge de l'Inquisition. Nonobstant le choix qui, parmi les classiques, s'impose au professeur judicieux, le souffle religieux qui anime la plupart des livres païens inspirera aisément le maître chrétien dans l'exposition de la vraie doctrine, et dans l'affirmation de sa supériorité civilisatrice, alors qu'un professeur irréligieux saura toujours démêler dans les mêmes ouvrages les éléments d'un enseignement immoral ou impie. Sans donc nier absolument l'influence propre du livre, c'est avant tout l'esprit et la direction universitaires que nous incriminons.

Ce que nous reprochons à l'Etat, c'est d'ignorer les lois qui gouvernent la vie de l'âme, d'en méconnaître la nature, la fin et les aspirations ; c'est de négliger la séve divine dont il faudrait l'imprégner à chaque heure du jour, et de n'accorder à l'enseignement chrétien qu'une part effacée, qu'un rôle de comparse ; c'est de ne parler le plus souvent à la jeunesse du Christ et de sa croix que pour lui apprendre à en rougir ; c'est, en un mot, de s'être fait païen dans son esprit, dans sa direction, dans son âme, et de s'infuser ainsi tout entier dans l'âme de ses nombreux disciples.

Liée par les entraves des programmes arbitraires et des conditions imposées à la réception des grades académiques, l'initiative privée a peine à réagir.

On objecte les prescriptions de la règle à l'endroit des pratiques religieuses, la prière par exemple obligatoire aux heures de la classe, au commencement et à la fin du jour. Eh ! ne savons-nous pas qu'elle n'est le plus souvent qu'une formalité banale, où l'attitude du maître et de l'élève témoigne assez du peu de respect qu'ils ont pour Dieu ? Il y a des aumôniers, mais est-ce sérieusement qu'ils croient à leur influence, et le cours de morale religieuse qu'ils donnent une heure par semaine à chaque élève, peut-il donc anéantir dans son âme l'œuvre de six journées d'assimilation antichrétienne ? Demandez à une mère ce qu'il lui faut de vigilance, de leçons familières de tous les jours, de toutes les heures, d'enseignements variés et sévèrement choisis, pour former l'esprit et le cœur de son enfant, abrité cependant de toute influence étrangère par les murs du foyer domestique ; et vous voulez qu'un cours de quarante-huit heures par année moralise un jeune homme absorbé pendant plus de deux mille heures par un enseignement rationaliste, où tout converge, par les insinuations du maître plus encore que par celles du livre, à la glorification de l'orgueil humain, à la divinisation de la passion humaine ? Il y a des maîtres chrétiens, oui, et c'est leur honneur ; car il leur faut une trempe d'âme énergique pour ne point mollir sous la pression officielle. Mais on les compte, l'autorité les surveille, et il en est que le pouvoir a blâmés pour l'esprit trop chrétien de leurs doctrines. Qu'importent d'ailleurs leurs idées personnelles ? que devient leur indépendance, en face d'un grand maître tout-puissant sur leur fortune et leur avenir ? L'Académie des sciences l'a proclamé par l'organe d'un de ses membres (1) : « *Le professeur n'est rien, l'administration est tout* ».

Elle est tout par ses grands pontifes, en qui se résume l'esprit impie du pouvoir, et dont le dernier, le plus fameux, se distingua par un raffinement d'astuce et d'hypocrisie. C'était le patron de cette ligue remuante d'enseignement sans morale et sans Dieu, recrutant dans les colléges la plupart de ses prosélytes. Il devint si grand capitaine, refondit si bien l'outillage déjà vieilli, imprima un tel essor aux idées modernes, que le gouvernement charmé le créa sénateur. Courtisan des faiblesses de César, il devait sa fortune à ses adroites complaisances pour la littérature impériale. Autrefois maître d'histoire, il savait le chemin des abîmes et le secret d'y mener les âmes ; et l'esprit français, graduellement, se familiarisait avec la doctrine de ses livres où il enseignait que le singe est le générateur de la race humaine.

De tout l'enseignement de la période classique, le cours d'histoire est le plus capable peut-être de consommer dans la jeunesse la ruine des croyances et de préparer celle des mœurs. Sans parler de l'altération systématique des faits, c'est pour le maître irréligieux l'occasion d'introduire une philosophie

(1) M. Sainte-Claire-Deville.

propre à fausser le jugement de l'élève et à battre en brèche dans sa jeune âme les institutions religieuses qui font la force et la vie des nations; à détruire en lui le respect du prêtre, de l'Eglise et de Dieu ; à faire, en un mot, du sanctuaire de l'éducation, la nécropole des cœurs et des intelligences.

Pour parfaire le travail de ses professeurs, alors qu'il s'agirait de fortifier l'athlète, au moment de le jeter dans l'arène des luttes sociales, l'Etat distille un mélange empoisonné de doctrines philosophiques qui aboutissent au rationalisme et au matérialisme, pour se traduire un jour, dans le cœur de l'adolescent vieilli de quelques années, par les sauvages élucubrations du socialisme et de la Commune.

Car, parmi les dangers sociaux qui naissent de l'enseignement universitaire, il y a ce péril grave, qui mérite d'être particulièrement signalé, à cause de l'actualité qu'il emprunte au présent politique de la France : nous parlons de la tendance révolutionnaire de la jeunesse des écoles.

L'esprit de révolte est, de tous les poisons offerts à la jeunesse, le plus dangereux peut-être, parce qu'il est le plus assimilable et le plus apte à séduire en elle la générosité et la fierté de l'âme.

Que chaque lecteur, s'il le veut bien, évoque ici les impressions du collége. Qu'il dise s'il n'y surprendra pas la trace encore mal effacée de secrets enthousiasmes cultivés, dans un repli du cœur, pour un Scévola, un Brutus, un Caton ou même un Catilina ? Est-il donc surprenant que, nourrie huit années dans l'admiration de ces héros, l'enfance devienne un jour jalouse de leurs lauriers? Il nous paraît intéressant de recueillir et d'étudier ici les aveux échappés à des écrivains de mérite, observateurs judicieux de nos grands bouleversements politiques.

M. Bastiat, appréciant l'influence des études classiques sur la Révolution française, dit en faisant allusion à ses souvenirs:

« Sous le nom de Tarquin, nous détestions la royauté : on nous passionnait tour à tour pour le peuple et pour la noblesse, pour les Gracques et pour Drusus ; et presque tous nous prenions parti pour le peuple et ses tribuns, et nous sentions naître en nous la haine du pouvoir et la jalousie de toute supériorité de noblesse et de fortune.

« Quel est le sujet ordinaire des thèmes et des versions, des compositions en vers et en prose ? C'est Scévola qui se brûle la main pour se punir d'avoir manqué d'assassiner Porsenna ; c'est le premier Brutus qui tue ses enfants soupçonnés de complot contre la patrie ; c'est un second Brutus qui poignarde César son bienfaiteur ; et d'autres encore qu'on exalte comme des types du patriotisme et les adorateurs héroïques de la liberté..... *Combien de fois nos jeunes cœurs n'ont-ils pas palpité d'admiration, hélas ! et d'émulation à ce spectacle !* »

Mercier, l'auteur du tableau de Paris, écrivait en 1785 : « Le nom de Brutus est le premier qui ait frappé mon oreille : dès que j'ai pu tenir un rudiment, on m'a parlé du Capitole et du Tibre. Les noms de Brutus, de Caton et de Scipion me poursuivaient dans mon sommeil : on entassait dans ma mémoire les épîtres familières de Cicéron ; de sorte que j'étais loin de Paris, étranger à ses murailles, et que je vivais à Rome que je n'ai jamais vue, et que probablement je ne verrai jamais.

« Les Décades de Tite-Live ont tellement occupé mon cerveau pendant mes études, qu'il m'a fallu dans la suite beaucoup de temps pour redevenir citoyen de mon pays, tant j'avais épousé les fortunes de ces anciens Romains. J'étais républicain avec tous les défenseurs de la République : je faisais la guerre avec le Sénat contre le redoutable Annibal ; je rasais Carthage la Superbe ; je suivais la marche des généraux romains et le vol triomphant de leurs aigles dans les Gaules ; je les voyais sans terreur conquérir le pays où je suis né : je voulais faire des tragédies de toutes les stations de César ; et ce n'est que depuis quelques années, que je ne sais quelle lueur de bon sens m'a rendu Français et habitant de Paris ».

« C'est le collége, écrivait Bernardin de Saint-Pierre, qui a produit la Révolution avec tous les maux dont elle est la source. Notre éducation publique altère le caractère national. Elle déprave les jeunes gens en leur apprenant à toujours parler et à ne jamais agir, à voir les beaux discours honorés et les belles actions sans récompense.....

.... « L'effet de cette éducation si vaine, si contradictoire, si atroce est de les rendre pour toute leur vie bavards, cruels, trompeurs, hypocrites, sans principes, intolérants..... Ils n'ont emporté du collége que le désir de remplir la première place en entrant dans la société..... Voyant que leurs études ne peuvent leur servir à rien pour parvenir, la plupart finissent par une ambition négative qui cherche à abattre tout ce qui s'élève pour se mettre à sa place : c'est l'esprit du siècle ».

A l'appui de ces témoignages pleins d'autorité, citons encore plusieurs terroristes de 1793.

Briot écrivait : « Jadis, sur les bancs du collége, nous obéissions aux tyrans, mais nous admirions en secret Brutus et Chéréas ».

Dupuis s'écriait en mourant : « J'étais républicain avant la révolution par suite de mes études, je meurs républicain, content et glorieux, le règne de la justice et de la paix est arrivé ».

Carrier souhaitait « que la jeunesse ne perdît jamais de vue le brasier de Scévola, la ciguë de Socrate, la mort de Cicéron et l'épée de Caton ».

Rabaud proposait « que l'Etat s'emparât de l'homme dès le berceau, et même avant la naissance, à l'exemple des Crétois et des Spartiates ».

Chazal en plein Directoire s'écriait : « Enfants, nous avions fréquenté Lycurgue, Solon et les deux Brutus, et nous les avions admirés ; hommes, nous ne pouvions que les imiter ».

Il est constant par ces témoignages que l'esprit de révolte est sorti des colléges, où la jeunesse apprenait à ne voir dans l'autorité que le stigmate de la tyrannie, et à ne rêver d'indépendance que par le poignard des conspirateurs.

Cet esprit si répandu dans les écoles universitaires a notoirement grandi sous le régime impérial. On se rappelle encore les rébellions qui agitèrent, il y a quelques années, les plus fameux lycées de l'empire, et prirent dans les journaux les proportions d'un événement quasi politique. Devant l'indignation générale le pouvoir embarrassé dut fermer les colléges ; mais, l'émotion publique apaisée, il les rouvrit aussitôt, et les émeutiers, d'abord expulsés, finirent tous par rentrer dans l'arche, impunis et triomphants. Plus tard, dans une autre enceinte, sanctuaire privilégié de la science, à l'Ecole de médecine, une révolte éclatait plus retentissante parce qu'elle fut plus impie, et que la jeunesse déjà mûre y préludait, par ses blasphèmes et ses proclamations athées, aux féroces orgies de l'Internationale. On comprend aujourd'hui pourquoi la démagogie ne se lasse point de revendiquer l'enseignement laïque obligatoire, au mépris de la plus sainte des libertés, pourquoi ce mot d'ordre invariable dans la bouche de ses partisans. Elle sait ce que les écoles de l'Etat lui ont déjà fourni de soldats, combien le sol y est fertile en rebelles et en conspirateurs ; elle sait que le jour où ce principe serait accueilli dans nos codes, c'en serait fait du dernier rempart que lui oppose encore l'ordre social.

Telle a été l'œuvre du pouvoir politique, telle est sa part de culpabilité dans la propagation des doctrines antisociales. On chercherait en vain un élément, un germe de vrai progrès que son monopole n'ait pas altéré ou détruit, quelque accroissement de bien-être dont on puisse lui tenir compte. On objecte la science, ses développements, ses applications industrielles ; mais, au lieu de donner essor à la science, le monopole lui a lié les ailes : la science eût fait d'autres conquêtes, moissonné d'autres richesses dans un champ ouvert à tous, fécondé par les hardiesses de l'émulation et du dévouement. Impossible aujourd'hui de se faire encore illusion, après les paroles solennelles par lesquelles l'Académie des sciences a condamné l'usurpation universitaire.

Le 6 mars 1871, dans une séance qui restera mémorable,

un académicien, M. Henri Sainte-Claire Deville, interprète applaudi des sentiments de toute l'Assemblée, s'exprimait en ces termes :

« Voilà en mon âme et conscience ce que je pense : l'Université, telle qu'elle est organisée, nous conduirait à l'ignorance absolue ; le professeur n'est rien, l'administration est tout. Je ne reconnais aucun tribunal supérieur à l'Académie des sciences pour juger en pareille matière ; c'est pourquoi je voudrais qu'elle employât toute son autorité à faire sortir de ses gonds la porte rouillée qui s'est fermée sur notre enseignement depuis 92.

« Il faut une réforme radicale, il faut que l'Académie se préoccupe de l'enseignement, il s'agit de l'avenir de notre pays. Depuis quatre-vingts ans, pour parler instruction publique il faut être ministre, député ou chef de bureau. Eh bien ! il faut que l'Académie fasse cesser ces errements et qu'elle dise nettement : Voilà la vraie voie à suivre ; voici comment on a réussi en Allemagne, en Angleterre ; secouons le joug et sachons prendre aux autres ce qui fait leur force et leur supériorité ».

Et M. Dumas dans la même séance, confirmant les paroles de M. Deville, ajoutait :

« Il faudrait que nos universités reprissent leur indépendance comme avant la première révolution ».

Ainsi, de l'aveu de l'Académie, le monopole universitaire n'engendre que l'ignorance, et demeure pour la France une cause d'infériorité intellectuelle vis-à-vis des autres nations.

Par des programmes trop surchargés on énerve les intelligences, on les sature avant l'âge de sciences qui n'y peuvent mûrir ; elles languissent comme ces estomacs bourrés de viandes indigestes ; elles s'étiolent comme les plantes de serre-chaude écloses hâtivement. Les corps ne sauraient non plus s'accommoder d'un pareil régime : ils s'affaissent comme la branche mutilée ou tordue au profit d'un rameau où l'on a voulu concentrer la séve ; l'anémie du sang et des chairs croît avec la pléthore des intelligences, et beaucoup de jeunes gens ne quittent plus le collége sans emporter sur leurs fronts pâlis avant l'âge la marque infaillible de leur ignorance, le sceau de la suffisance et de l'orgueil.

A la famille de nous apprendre les ravages inguérissables du scepticisme universitaire dans le cœur de l'enfance, et la perfidie du pouvoir qui, témoin silencieux pour ne pas dire satisfait du progrès de la corruption, écarte obstinément de ses colléges les affirmations du christianisme. A elle de nous révéler combien de jeunes gens s'en reviennent au foyer domestique sans mœurs, sans croyances, sans respect d'aucune autorité religieuse ou sociale. Il en est, grâce au ciel, qu'une trop légitime anxiété maternelle accompagne sur les bancs de l'école, et chez lesquels sa vigilance maintient encore la trace chrétienne des leçons domestiques ; mais ceux-là qui recouvrent la santé morale ne gardent-ils pas indélébile la cicatrice de leurs blessures fermées et le poignant souvenir de leur innocence flétrie ?

Mais l'œuvre de destruction ne s'arrête pas à l'école : nous avons vu plus haut qu'elle se développait dans la vie civile par les livres et par la presse.

Il n'est pas de venin que la presse n'ait distillé goutte à goutte, depuis vingt ans surtout, dans les veines du peuple, grâce aux encouragements incessants du pouvoir. Par elle, les rangs de la société que le monopole universitaire n'avait point envahis, la campagne, la mansarde et l'atelier, ont été déchristianisés comme le reste de la nation. Prêtresse des autels élevés à la corruption, la presse officielle y remplissait l'office de vestale. Ses journaux, ses livres étaient une arène où les hautes fonctions publiques couronnaient les lutteurs les plus versés dans l'art de corrompre. Que de ministres, que de grands dignitaires choisis dans cette arche sacro-sainte ! De César, comme d'un centre, partaient des jets de lumière sinistre réfléchis sur la nation par la cohorte des satellites. Les barrières législatives s'abaissaient devant le mensonge : l'or surtout enchaînait au maître la conscience de ces feuilles mercenaires, trafic longtemps caché, mais enfin dévoilé par la découverte des papiers secrets de l'empire. Pour fabriquer l'opinion, leurs ciseaux déchiquetaient dans toute doctrine antisociale et composaient ainsi la manne attendue tous les matins par la masse des lecteurs avides : cela s'appelait émanciper la nation, initier le peuple à la vie politique, éclairer le suffrage universel. Leur fourberie méchante inventait mille industries pour bâillonner la vérité toujours prête à jeter le cri d'alarme. Rien n'était épargné pour renverser le Christ et ses lois : la philosophie succombait sous les attaques du rationalisme ; l'esprit de famille faisait place à l'individualisme, l'esprit social à la centralisation, l'esprit religieux au césarisme, la morale au sensualisme. Qu'on nous cite un livre, un journal émané de ces plumes vénales qui ne soit un tissu d'attaques contre l'ordre chrétien, contre Dieu et contre l'âme humaine.

L'un d'eux écrivit un livre ; à notre siècle la honte de l'avoir enfanté ! Chaque ligne est un baiser de Judas sur les joues déchirées du Christ : Voltaire ne rêva point une telle scélératesse, il y fallait l'apostasie d'un lévite imprégné, dans le sanctuaire, des parfums du sacrifice de l'autel, nourri de la chair et du sang d'un Dieu ! Et ce livre, capable tout seul de vouer à l'anathème le gouvernement qui le vit éclore, on en condensa la substance dans mille formules populaires qui portaient la mort dans les rameaux les plus fragiles et les plus humbles du tronc social. La noirceur de l'attentat souleva si violemment l'indignation des âmes honnêtes, que le pouvoir en parut touché et feignit de disgracier l'auteur ; mais la défaveur fut courte, on lui rendit promptement ses titres et à la fois son venin et son dard.

Corrompre, toujours corrompre, tel était leur but, nettement écrit d'ailleurs dans des documents authentiques plus loin rapportés. Leur trame était si bien ourdie, ils avaient su créer dans la presse un tel courant de corruption universelle, qu'un grand nombre de journaux prétendus indépendants s'y laissaient emporter ; et que la résistance n'était possible qu'aux esprits religieux, aux convictions nées du christianisme; et les Vallès, et les Rochefort, et les autres publicistes collaborateurs de ces feuilles *indépendantes* les ont souillées par des pages qui ne permettent point aux âmes chrétiennes de s'étonner de leur dégradation et du mépris public qui s'attache à leur nom.

Aujourd'hui la semence a germé, la plante a grandi, le fruit est mûr, et, devant leur ouvrage, les démolisseurs ont reculé d'épouvante. Ils ont jeté l'insulte au prêtre, rempart toujours debout contre leurs hypocrites attaques, défenseur incorruptible de la religion, de la morale, de la famille et de la société; ils ont calomnié son caractère, ameuté contre lui les passions haineuses des foules, demandé qu'on l'emprisonne et qu'on le fasse mourir: *Tolle, Crucifige.* La chose est faite: à la vue du sang, du pillage et des flammes, ils ont poussé le cri de la peur. Dieu a pris des martyrs et sa main vengeresse s'est abaissée... Pour eux, promptement rassurés, ils ont retrouvé leur arrogance, et les voilà de nouveau à leur curée sauvage. Mais l'heure du talion ne peut-elle revenir? les abîmes sont-ils donc fermés? et les pierres qu'ils arrachent de l'autel et des fondements sociaux ne peuvent-elles quelque jour, par une logique impitoyable, rouler sur eux et sur leurs foyers, et écraser à la fois les victimes et les persécuteurs?

Les ruines accumulées par les pouvoirs politiques n'ont pas été moins habilement préparées par le concours des associations que par celui de l'enseignement et de la presse. Pervertie par les doctrines de l'école, des journaux et des livres, la nation mûrissait pour l'empire des associations maçonniques, jadis secrètes, aujourd'hui publiques et à la veille d'achever l'œuvre qu'elles poursuivent depuis des siècles, la destruction du domaine divin par l'athéisme social.

Le journal officiel de la République signalait naguère à ses lecteurs l'insurrection parisienne comme étant l'œuvre des sectes de la *Révolution cosmopolite.* C'est peut-être pour la première fois que l'organe du Gouvernement a flétri de son vrai nom le mal qui, depuis tant d'années, dévore notre malheureux pays. C'est véritablement la *Révolution.*

Une révolution, dans le sens général, n'est, il est vrai, qu'un changement fondamental dans un ordre quel qu'il soit, religieux ou politique, moral ou scientifique, artistique ou littéraire. *La Révolution* est une tout autre chose; un vaillant publiciste contemporain (1) la définit en ces termes :

« La Révolution est la révolte érigée en principe et en droit. Ce n'est pas seulement le fait de la révolte ; de tout temps il y a eu des révoltes, c'est le droit, c'est le principe de la révolte devenant la règle pratique et le fondement des sociétés ; c'est la négation systématique de l'autorité légitime : c'est la théorie de la révolte, c'est l'apologie et l'orgueil de la révolte, la consécration légale du principe même de toute révolte. Ce n'est pas non plus la révolte de l'individu contre son supérieur légitime, cette révolte s'appelle tout simplement désobéissance, c'est la révolte de la société en tant que société ; le caractère de la Révolution est essentiellement social et non pas individuel. Au point de vue religieux, elle est la négation légale du règne de Jésus-Christ sur la terre, la destruction sociale de l'Eglise ».

Elle est donc la négation suprême des droits de Dieu, et la réalisation la plus absolue des rêves de l'athéisme.

Elle est née des loges maçonniques, dont les doctrines, longtemps secrètes et habilement déguisées sous le masque des grands principes humanitaires, trompaient à l'origine la plupart de leurs crédules affiliés. On en jugera par les extraits suivants d'une correspondance de la Vente piémontaise :

« Quand vous aurez insinué dans quelques âmes le dégoût de la famille et de la religion, laissez tomber certains mots qui provoqueront le désir d'être affilié à la loge maçonnique la plus voisine. Cette vanité du citadin ou du bourgeois de s'inféoder à la franc-maçonnerie, a quelque chose de si banal et de si universel, que je suis toujours en admiration devant la stupidité humaine. Se trouver membre d'une loge, se sentir, en dehors de sa femme et de ses enfants, appelé à garder un

(1) Mgr de Ségur.

secret qu'on ne vous confie jamais, est pour certaines natures une volupté et une ambition. *Les loges sont un lieu de dépôt, une espèce de haras, un centre par lequel il faut passer avant d'arriver à nous.* Leur fausse philosophie est pastorale et gastronomique, *mais cela a un but qu'il faut encourager sans cesse.* En lui apprenant à porter arme avec son verre, on s'empare de la volonté, de l'intelligence et de la liberté d'un homme ; on en dispose, on le tourne, on l'étudie, on devine ses penchants et ses tendances ; quand il est mûr pour nous, on le dirige vers la société secrète dont la *franc-maçonnerie n'est que l'antichambre assez mal éclairée.*

« *C'est sur les loges que nous comptons pour doubler nos rangs : elles forment à leur insu notre noviciat préparatoire.* Elles discourent sans fin sur les dangers du fanatisme, sur le bonheur de l'égalité sociale et sur les grands principes de liberté religieuse. Elles ont entre deux festins des anathèmes foudroyants contre l'intolérance et la persécution. *C'est plus qu'il n'en faut pour nous faire des adeptes :* un homme imbu de ces belles choses n'est pas éloigné de nous, il ne reste plus qu'à l'enrégimenter. La loi du progrès social est là et toute là, *ne prenez pas la peine de la chercher ailleurs.* Mais ne levez jamais le masque, rodez autour de la bergerie catholique, et en bon loup saisissez au passage le premier agneau qui s'offrira dans les conditions voulues ».

La maçonnerie s'adresse à tous, mais elle a surtout le culte des princes et des riches de ce monde ; c'est la Haute-Vente qui le dit dans une lettre à la Vente piémontaise :

« Le bourgeois a du bon, mais le prince encore davantage. La Haute-Vente désire que, sous un prétexte ou sous un autre, on introduise dans les loges maçonniques le plus de princes et de riches que l'on pourra. Les princes de maison souveraine, et qui n'ont pas l'espérance légitime d'être rois par la grâce de Dieu, veulent tous l'être par la grâce d'une révolution. Il n'en manque pas en Italie et ailleurs qui aspirent aux honneurs assez modestes du tablier et de la truelle symboliques. D'autres sont déshérités ou proscrits. Flattez tous ces ambitieux de popularité, accaparez-les pour la franc-maçonnerie : la Haute-Vente verra plus tard ce qu'elle pourra en faire pour la cause du progrès. Un prince qui n'a pas de royaume à attendre est une bonne fortune pour nous. Il y en a beaucoup dans ce cas-là. Faites-en des francs-maçons, ils serviront de glu aux imbéciles, aux intrigants, aux citadins et aux besoigneux. Ces pauvres princes feront notre affaire en croyant ne travailler qu'à la leur. C'est une magnifique enseigne, et il y a toujours des sots assez disposés à se compromettre au service d'une conspiration dont un prince quelconque semble être l'arc-boutant ».

Voilà les sectes que le pouvoir a sorties de l'ombre, et qu'il a fait asseoir au grand jour sur les ruines de nos associations chrétiennes.

Leur symbole est une négation, leur programme le néant, la destruction universelle, et cela par la puissance d'une haine implacable et toute satanique contre Dieu qui est affirmation, être et vie. Dans l'ordre religieux ils suppriment Dieu : *Dieu c'est le mal*, a dit Proudhon, l'un de leurs adeptes. En morale ils suppriment l'âme humaine : plus de famille, plus de mariages chrétiens, mais des unions libres, c'est-à-dire les relations de la brute, ou plutôt l'animalisation de l'homme ; enfin dans l'ordre politique ils suppriment la propriété ; car, a dit encore Proudhon, *la propriété c'est le vol.* Toute fortune privée, toute jouissance exclusive est un crime : rien en l'homme qui ne soit à tous, universalisation de toute richesse, universalisation de tout plaisir, communisme et socialisme. Ainsi, détruire Dieu, détruire l'âme, détruire la famille, la propriété, la société, détruire tout, démolir tout, faire régner partout le néant, le vide, tels sont leurs plans, tel est leur rêve : plans et rêve sortis de l'enfer.

Dieu qui veille sur la société a permis que leurs complots fussent dévoilés. On a surpris leurs secrets, saisi bon nombre de leurs papiers. Laissons-les parler eux-mêmes, on verra que nous n'avons rien exagéré, rien inventé. Les révélations relatées plus haut sur l'esprit de la franc-maçonnerie appartiennent à ces documents. En voici d'autres qui se passent de commentaires.

« Nous formons une association de frères sur tous les points du globe, est-il dit dans une lettre d'un correspondant de Londres ; nous avons des vœux et des intérêts communs, nous tendons tous à *l'affranchissement* de l'humanité, *nous voulons briser toute espèce de joug*. L'association est secrète, même pour nous les vétérans des associations secrètes. »

« Dans l'espace de quelques années, écrit un correspondant de Vienne à Nubius (nom de guerre d'un chef de la Haute-Vente à Rome), nous avons considérablement avancé les choses. *La désorganisation sociale règne partout*, elle est au Nord comme au Midi. Tout a subi le niveau sous lequel nous voulions abaisser l'espèce humaine. Il a été très-facile de pervertir. En Suisse comme en Autriche, en Prusse comme en Italie, nos séides n'attendent qu'un signal pour briser le vieux moule. La Suisse se propose de donner le signal ; mais ces radicaux helvétiques ne sont pas de taille à conduire les sociétés secrètes à l'assaut de l'Europe. *Il faut que la France imprime son cachet à cette orgie universelle. Soyez bien convaincu que Paris ne manquera pas à sa mission.* »

Un autre correspondant écrit de Livourne à ce même Nubius :

« J'ai trouvé partout en Europe les esprits très-enclins à l'exaltation ; tout le monde avoue que le vieux monde craque et que *les rois* ont fait leur temps. La moisson que j'ai recueillie a été abondante ; la chute des trônes ne fait plus de doute pour moi, qui viens d'étudier en France, en Suisse, en Allemagne et jusqu'en Russie, le travail de nos sociétés. L'assaut qui, d'ici à quelques années, sera livré aux princes de la terre, les ensevelira sous les débris de leurs armées impuissantes et de leurs monarchies caduques ; mais cette victoire n'est pas celle qui a provoqué tous nos sacrifices. Ce que nous ambitionnons, ce n'est pas une révolution dans une contrée ou dans une autre, cela s'obtient toujours quand on le veut bien. Pour tuer sûrement le vieux monde, nous avons cru qu'il *fallait étouffer le germe catholique et chrétien* ».

Dans une instruction de la Vente suprême, on lit :

« Le rêve des sociétés secrètes s'accomplira par la plus simple des raisons, c'est qu'il est basé sur les passions de l'homme. Ne nous décourageons donc ni pour un échec, ni pour un revers, ni pour une défaite : préparons nos armes dans le silence des Ventes ; dressons toutes nos batteries, flattons toutes les passions, les plus mauvaises comme les plus généreuses, et tout nous porte à croire que le plan réussira un jour au-delà même de nos calculs les plus improbables ».

« Notre but final, est-il dit dans une instruction secrète, est celui de Voltaire et de la Révolution Française : l'anéantissement à tout jamais du catholicisme et même de l'idée chrétienne qui, restée debout sur les ruines de Rome, en serait la perpétuation plus tard ».

Un sectaire sous le nom de Vindice écrit à Nubius : « Nous sommes trop en progrès pour nous contenter du meurtre. A quoi sert un homme tué ? n'individualisons pas le crime ; afin de le grandir aux proportions du patriotisme et de la haine contre l'Eglise, nous devons le généraliser. Le catholicisme n'a pas plus peur d'un stylet bien acéré que les monarchies ; mais ces deux bases de l'ordre social peuvent crouler sous la corruption : ne nous lassons donc jamais de corrompre. Il est décidé dans nos conseils que nous ne voulons plus de chrétiens, donc popularisons le vice dans les multitudes : qu'elles le respirent par les cinq sens, qu'elles le boivent, qu'elles s'en saturent. Faites des cœurs vicieux et vous n'aurez plus de catholiques ».

Deux francs-maçons impénitents, exécutés à Rome, suggéraient au chef de la Haute-Vente les réflexions suivantes : « Leur mort de réprouvés a produit un magique effet sur les masses, c'est une première proclamation des sociétés secrètes, et une prise de possession des âmes. Mourir sur la place du peuple, à Rome, dans la cité mère du catholicisme, mourir franc-maçon et impénitent, c'est admirable ! »

Un autre adepte écrit dans une correspondance de la Vente

piémontaise : « Infiltrez le venin dans les cœurs choisis, infiltrez-le à petites doses et comme par hasard ; vous serez étonnés vous-mêmes de votre succès. L'essentiel est d'isoler l'homme de sa famille, de lui en faire perdre les mœurs. Il est assez disposé, par la pente de son caractère, à fuir les soins du ménage, à courir après de faciles plaisirs et des joies défendues. Il aime les longues causeries du café, l'oisiveté des spectacles. Entraînez-le, soutirez-le ; donnez-lui une importance quelconque ; apprenez-lui discrètement à s'ennuyer de ses travaux journaliers. Par ce manége, après l'avoir séparé de sa femme et de ses enfants, après lui avoir montré combien sont pénibles tous les devoirs, vous lui inculquerez le désir d'une autre existence ».

« C'est la corruption en grand, dit la Haute-Vente, que nous avons entreprise..... la corruption qui doit nous conduire à mettre un jour l'Eglise au tombeau..... Le meilleur poignard pour frapper l'Eglise au cœur, c'est la corruption : à l'œuvre donc jusqu'à la fin ».

Et nous-mêmes un jour nous avons entendu deux hommes s'entretenant à nos côtés prononcer ces paroles : « On ne saurait prendre le bercail qu'à la condition d'y pénétrer, nous ne détruirons le christianisme qu'en nous montrant chrétiens nous-mêmes ».

Bien peu d'esprits peut-être, il y a un an, eussent ajouté foi à l'existence d'une pareille conspiration. Des conceptions aussi monstrueuses eussent semblé ne pouvoir éclore dans aucune intelligence humaine. Mais nous demandons si la raison permettait alors d'accueillir plus aisément la possibilité du complot ourdi par la Commune. Pouvait-on croire qu'au lendemain de nos désastres, sur les écroulements de nos foyers, sur les cadavres encore tièdes de nos soldats, des milliers de forcenés, l'écume du monde, vomis à Paris des cloaques de toute civilisation, organisés, armés, habilement commandés et conduits, se dresseraient contre les restes broyés de la patrie, sous les regards de l'ennemi repu et sous l'égide de sa neutralité complaisante ? Leur langage, leurs journaux et leurs actes le cèdent-ils en férocité aux documents révolutionnaires que nous venons de reproduire ? Un de leurs organes d'un pays voisin, la Belgique, n'a-t-il pas écrit ces lignes significatives : « *Nous sommes le socialisme organique qui ne craint pas Dieu et sait vaincre les hommes ?* » Un de ces bandits, George Duchêne, ne disait-il pas : « *La guerre contre l'étranger n'a jamais éveillé en nous la même ardeur que la guerre civile; cette lutte contre des Français remplit notre cœur d'une douce et sainte émotion?* » Et ces paroles du féroce Raoul Rigault à l'archevêque de Paris, ne révèlent-elles pas le mobile et l'étendue des haines des sectaires maçonniques : « *Il y a dix-huit siècles que vous nous faites du mal, que vous nous embastillez, que vous nous torturez !* »

Voilà bien déroulés au grand jour les plans élaborés dans le secret des Ventes et la consanguinité révolutionnaire des loges françaises est écrite, pour quiconque sait lire, sur la bannière maçonnique, naguère flottant sur les murailles de Paris et s'y mariant au drapeau rouge.

Oui, le pouvoir, en donnant sur notre sol droit d'asile à ces sectes d'une menteuse philanthropie, a miné les fondements de la nation, et nourri les bêtes fauves qui s'apprêtent à nous déchirer.

Il y a à peine un an que la France, écrasée par l'occupation étrangère, déchirée par la guerre civile, est entrée dans une phase de douloureuses liquidations. Sa splendeur apparente, le prestige européen dont elle jouissait à la veille de ces catastrophes, ne permettaient guère à l'opinion publique d'en deviner l'imminence et la profondeur. Le pouvoir semblait revêtu d'une puissance politique sans rivale; le pays, fier de sa prospérité matérielle, confiant surtout dans son intelligence, se croyait inébranlable : un homme tombe, un seul, et voilà la nation comme noyée dans un cataclysme !

Et pourtant, que d'âmes honnêtes, que d'énergies individuelles, que de dévouements héroïques compte encore notre infortuné pays ! Comment admettre leur impuissance et la stérilité de leurs efforts? L'organisation révolutionnaire ne dit-elle pas assez clairement la raison de notre faiblesse ? N'est-elle pas dans l'isolement des hommes d'ordre, qui ne savent plus opposer à la ligue des démolisseurs l'*association* des conservateurs? « Donnez à l'homme son vrai nom, a dit M. L. Veuillot, il s'appelle société ». Oui, l'homme venu sur la terre, nu et faible, n'a pu devenir roi et dompter les résistances coalisées de la nature que par la vertu de l'*association*. Présentement devant le faisceau maçonnique, les hommes de bien restent désunis, les liens sociaux s'affaiblissent par le relâchement des liens religieux. Là est le mystère de nos désastres ; mais aussi ne l'oublions pas, le secret de la régénération.

Telle a donc été l'œuvre des pouvoirs politiques, œuvre immense de déchristianisation par l'enseignement, par la presse, par l'association. De là dérivent, comme d'une grande source, tous les courants de corruption dont les eaux empoisonnées ont partout désorganisé la vie. Civilisation, mœurs, arts, littérature, caractère, tout s'est ressenti du général amollissement des âmes.

Nous ne nions pas d'incontestables progrès, réalisés surtout dans le domaine de la science; mais leurs applications exclusives à la matière, à l'industrie, au commerce, suffisent-elles à féconder la vie de l'âme sociale, et à rendre un peuple invulnérable? Cette civilisation, sans contredit moins avancée chez les peuples du Nord, les a-t-elle empêchés d'être nos maîtres, et nous a-t-elle gardés des secousses intestines? La science de Dieu, de l'homme et de ses destinées, la science du sacrifice et du dévouement, voilà le champ trop longtemps négligé des vérités comme des vertus sociales, le seul apte à donner les moissons qui font les nations invincibles.

Si la vraie science nous est étrangère, que dire de notre littérature? Comme valeur intrinsèque, elle n'a pas de caractère qui puisse lui faire sa place dans l'histoire : elle offre peu de monuments capables de passer à la postérité. Jamais siècle n'a produit tant d'hommes avides de lectures malsaines, et tant de feuilletonistes, de romanciers, de folliculaires, leur jetant pour un sou la pâture quotidienne d'une presse menteuse, immorale et sans lettres.

Les arts sont à l'avenant : où leur trouver un cachet de grandeur, un style, un nom quelconque ? Mais leur caractère est de n'en pas avoir, de ne présenter que des compilations indigestes, des réminiscences de différents passés accolées sans goût, sans harmonie, comme la façade bariolée de ce vaste monument parisien, si coûteux, si disgracieux, que l'on peut en vérité citer comme un type, et que l'on nomme l'Opéra.

Cet effacement des arts et des lettres est le propre d'un peuple sans croyances et sans convictions : l'idéal ne passionne plus l'écrivain, le poète ou l'artiste ; l'âme, vide de tout principe, est en même temps vide de tout culte : elle n'a pas plus gardé le sens du beau qu'elle n'a conservé les harmonies du vrai, parce que le beau comme le vrai n'ont leur source qu'en Dieu, rejeté de nos sociétés par le rationalisme.

Les mœurs s'affichent crûment par l'obscénité des exhibitions publiques. Le luxe déborde de toutes les classes, luxe de vêtements, de table, d'habitudes et de maisons. Il est parti d'en haut, descendant à toutes les conditions et à tous les âges, entassant les banqueroutes, les faillites, les suicides, l'ivrognerie et le libertinage. Il faut jouir, telle est la loi suprême ; et dans le cœur du pauvre, d'où notre bourgeoisie sceptique a chassé Dieu et la pensée des fins dernières, cette parole des sages et des rhéteurs a jeté des convoitises qui ne lui laissent plus à opter qu'entre la Commune ou la mort. Il faut jouir, oui, c'est-à-dire manger, boire, s'enivrer et se débaucher : avec cela faites des caractères, des âmes fortes pour le sacrifice ; demandez-leur pour une grande cause leur travail, leur or ou leur vie ; avec cela dites au soldat d'aller se battre et de mourir !

Privée de Dieu, c'est-à-dire de toute vérité, l'âme n'aime plus à se repaître que de fictions et de mensonges. La passion des mensonges agréables, des fictions théâtrales, ne le cède pas en France à celle des païens de la décadence romaine. On a vu, sous l'empire, des femmes du grand monde envier la popularité des courtisanes, et plus d'un salon de la plus fière société parisienne, se transformer en une salle de spectacle, où la maîtresse du logis le disputait aux actrices en renom par le cynisme de la passion, et jusqu'à l'indécence du costume.

Cette plaie du luxe et de la corruption n'est point, dit-on, un mal nouveau, et la France d'autrefois en demeura longtemps infectée, sans rien perdre au dehors de sa prépondérance. Oui, l'empire des passions humaines s'est souvent montré tout-puissant sur le cœur de la société française ; mais le vice, s'il régnait dans les mœurs, était alors flétri devant l'opinion, dont le jugement se gardait sain et l'honneur restait sauf. Aujourd'hui la gangrène est montée du cœur à la raison, et l'on demeure consterné de l'hébêtement des intelligences : on se rit de la vertu, et l'on couronne le vice ; la vérité est honnie et l'on n'encense plus que l'hypocrisie et le mensonge. La langue elle-même est altérée, corrompue comme l'esprit public, dont elle n'est plus qu'une sinistre expression : coupables, non plus le voleur qui force la serrure, mais le maître du logis qui fait résistance ; non le vendeur qui trompe son client, mais l'acheteur niais qui se laisse duper ; non le meurtrier qui veut le sang d'autrui ; mais la victime que frappe l'assassin ; non le roi qui vole un territoire, mais le Pontife spolié qui proteste ; non les égorgeurs et les incendiaires de l'Internationale et de la Commune, mais les otages qu'ils ont massacrés ! Les peuples se prétendent souverains et ne croient plus à *l'autorité*. On n'y croit pas, car on ne croit plus à Dieu dont elle émane, et dont le nom n'est plus redit sans blasphème : l'enfant même n'y croit plus ; il est sans respect pour son père, dont le langage et l'exemple ne savent plus lui parler de Dieu ; sans respect sérieux pour ses maîtres, dont les doctrines ne lui parlent que de ses propres droits ; sans respect pour les lois, dont l'athéisme lui ôte l'estime : étonnez-vous donc, s'il devient soldat, qu'il n'ait pas de respect pour la discipline.

Jetons un voile sur ces tristesses, mais en même temps courbons la tête, et frappons humblement notre poitrine.

III

LA CENTRALISATION NÉE DE LA CORRUPTION

Le mépris de Dieu et la négation de sa Providence grandissant chaque jour dans l'esprit social, à la faveur du rationalisme sceptique des doctrines modernes, est devenu pour nos institutions politiques le principe d'un fléau qui occupe beaucoup aujourd'hui la presse et nos hommes d'Etat. On envisage le mal sous divers aperçus, mais on néglige, à notre avis, d'en bien voir la réelle origine : on l'étudie dans ses dérivations, mais on ne sait point remonter à la source. Ce fléau des temps modernes s'appelle la *centralisation.*

Pour le bien définir, il nous faut recourir à la philosophie chrétienne.

Nier Dieu, c'est nier le plan divin dans l'ordre universel de la création, c'est-à-dire nier cette vérité fondamentale, que toute société ne saurait être que la reproduction sous diverses formes de l'idée divine dans les différentes réunions des êtres intelligents.

Or, d'après la philosophie chrétienne, l'idée divine dans le plan universel de la création, reproduite dans le plan social, explique et détermine la seule vraie constitution de toute société : en premier lieu le pouvoir suprême, quelque nom qu'on lui donne, quelque forme qu'il puisse prendre, forme monarchique ou républicaine, ce pouvoir, disons-nous, image de Dieu substance increée et cause première, gouvernant la société par l'intermédiaire des pouvoirs secondaires ; ces pouvoirs, images eux-mêmes des substances créées et des causes secondes par le moyen desquelles Dieu régit l'univers ; en troisième lieu les sujets, les gouvernés immédiatement soumis à la puissance secondaire, images eux aussi des effets propres aux causes secondes, et immédiatement subordonnés à ces causes.

Ainsi d'une part, dans la création universelle, Dieu cause première et substance increée, les créatures causes secondes et substances créées par lesquelles Dieu gouverne, et les effets propres à ces causes secondes; d'autre part et parallèlement dans la société, le pouvoir souverain, les pouvoirs secondaires ou intermédiaires par lesquels le pouvoir suprême gouverne, et les sujets régis par les pouvoirs secondaires, telle est l'admirable simplicité du plan social.

L'esprit moderne rejetant toute idée divine, et par conséquent la substantialité et la causalité divines, nie par là même la substantialité et la causalité des agents secondaires, c'est-à-dire à la fois leur personnalité et leur liberté; il ne peut donc associer les êtres intelligents que sous la domination d'une puissance suprême, concentrant dans cette seule puissance toute action sociale touchant la religion, l'enseignement, la justice, la guerre, les finances, le commerce et l'administration.

Cette effrayante concentration livre à l'arbitraire d'un pouvoir unique l'âme entière de la nation, où dès lors la vie n'arrive plus que par les épanchements d'une intelligence et d'une volonté souveraines, comme le corps où le sang ne pénètre qu'en vertu des pulsations du cœur.

Telle est la centralisation, constitution sociale émanée de la négation divine, infiltrée peu à peu dans nos institutions à la faveur des doctrines dites modernes, et broyant aujourd'hui dans ses mille rouages tous les pouvoirs intermédiaires et secondaires, l'individu, la famille, la commune et la province, pour étouffer tous les élans du caractère et du génie national.

La centralisation est un crime de lèse-nation, une usurpation sacrilége des droits civils, domestiques et individuels d'un peuple.

Cette vérité découle de la fin et de la mission des pouvoirs politiques; c'est-à-dire des conditions du pacte social, tacite sans doute, mais effectif, qui lie le pouvoir à la nation.

Le type social le plus achevé, et en même temps l'élément primordial de toute société politique, c'est évidemment la famille. C'est par le groupement des familles que les nations se sont formées; mais ce groupement, expression sans doute d'un fait naturel, n'en est pas moins, de la part des familles, le résultat d'un rapprochement volontaire et libre, en vue tout à la fois de leur conservation et de leur perfectionnement.

Le contact d'éléments égaux en droits et en dignités a pour effet inévitable d'exposer chacun d'eux à voir parfois ses droits contestés par l'injustice ou attaqués par la violence, au mépris de l'autorité domestique matériellement trop faible pour une efficace résistance : de là le besoin d'établir dans chaque groupe ou peuple un pouvoir commun, et de lui déléguer la souveraineté nécessaire pour suppléer à l'insuffisance du pouvoir domestique dans le maintien de ses droits injustement contestés ou violemment attaqués, c'est-à-dire pour juger et réprimer à l'intérieur l'injustice des contestations et combattre au dehors la violence des agressions.

Juger et combattre, telles sont donc les attributions légitimes du pouvoir politique, les seules que la famille ait pu vouloir lui déléguer, parce que seules elles sont indispensables pour lui permettre la garantie et le maintien des droits de chaque élément ou groupe d'éléments sociaux.

Inutile d'ajouter que cette délégation d'attributions souveraines est soumise en pratique à des formes et à des conditions déterminées par la nation, formes et conditions dont l'ensemble se nomme *la constitution.*

Le bien-être que l'exercice de la souveraineté politique procure aux éléments sociaux, leur impose l'obligation d'y prêter leur concours et donne au pouvoir le droit de le réclamer. De là le droit, pour l'Etat, de demander les soldats et l'impôt, et le devoir pour la nation de les fournir.

Telles sont, dans leurs principes comme dans leurs développements, les attributions nécessaires mais exclusives des pouvoirs politiques : juger les contestations et faire les lois nécessaires pour les prévenir et les réprimer, combattre et par conséquent lever les soldats et percevoir l'impôt.

Cette délégation de souveraineté faite au pouvoir politique par la famille a pour but, avons-nous dit, la sécurité des droits domestiques et la garantie de leur libre exercice.

Les droits du pouvoir domestique dérivent tous de la grandeur et de la dignité de sa mission.

Créateur de l'humanité, Dieu en est légitimement le souverain maître; créateur à son tour, l'homme devient maître légitime de ses œuvres. Mais comme les droits de Dieu, cause première et universelle, sont suprêmes et sans bornes; ainsi les droits de l'homme, cause seconde et restreinte, seront logiquement subordonnés et partiels.

Dieu crée l'homme, il lui donne la vie; il lui impose sa loi; il l'instruit de son origine et de sa fin, de ses devoirs religieux et sociaux; enfin, il le sanctifie par le don des moyens propres à lui faire atteindre sa destinée. Telle est en quatre grandes lignes tout le rôle, toute l'action de Dieu dans l'humanité. De là quatre grandes dignités que Dieu délègue à l'homme avec le pouvoir créateur, dignités de Père, de Roi, de Docteur et de Pontife.

Le pouvoir paternel à l'origine du monde résumait en lui seul ces quatre dignités, comme aussi tous les droits et les pouvoirs qui n'en sont que la dérivation. Mais par le groupement ultérieur des familles en Etats ou en Confédérations, la loi providentielle qui pousse les hommes vers l'association a créé des exigences qui ont déplacé l'exercice des pouvoirs sociaux. C'est ainsi que nous venons de voir le pouvoir domestique déléguant l'autorité royale au pouvoir politique; c'est ainsi que nous voyons Dieu dans l'Ancien Testament déplacer la dignité de docteur et de pontife, pour la rendre héréditaire dans des familles privilégiées; ainsi, que nous le voyons plus tard, en fondant l'Eglise, déplacer le pouvoir d'enseigner et de sanctifier, et l'attribuer au pouvoir religieux par un acte formel de sa toute-puissance. C'était le droit de la famille de déléguer sa souveraineté, comme c'était le droit de Dieu, maître absolu de la famille, de lui ôter les droits de docteur et de pontife, pour en revêtir un pouvoir de son choix.

Mais les droits paternels restent au pouvoir domestique dans leur intégrité ; à lui le soin de reproduire et de perpétuer la famille, d'en former et d'en développer le corps et l'âme ; à lui de gérer sa fortune, de la transformer, d'en disposer, de tester ; à lui, dans l'ordre moral, d'entretenir et de développer la vie de l'âme domestique, d'instruire l'intelligence et de nourrir le cœur des enfants qu'il a mis au monde ; à lui et seulement à lui le soin de leur éducation.

Voilà les droits paternels que le pouvoir politique a mission de protéger en vertu du contrat social, et les attributions domestiques qu'il ne peut s'arroger sans commettre une usurpation.

La centralisation s'est faite encore, avons-nous dit, usurpatrice des droits civils de la nation.

Les familles réunies en société sous le sceptre d'un commun pouvoir, peuvent, sans faire acte d'insoumission envers l'autorité, et sans rompre en aucune façon l'harmonie politique, former entre elles des groupements distincts, variables de nombre et d'importance, en vue d'une fin spéciale, matérielle ou morale, compatible toutefois avec la fin plus générale de l'état politique. De là la formation des communes ou cités, et, par le groupement des communes, la formation des provinces.

La commune et la province sont donc des extensions de la famille ; comme la famille elles ont dans l'Etat le rôle de pouvoir secondaire, et jouissent de la même indépendance et des mêmes droits. Le pouvoir communal émané de la famille et le pouvoir provincial émané de la commune, ne sont donc, comme la famille elle-même, subordonnés au pouvoir politique qu'en ce qui touche à la justice et à la guerre ; mais ils restent souverains et libres pour tout ce qui est du ressort des affaires de la cité et de la province. A eux seuls, par conséquent, le droit de gérer la propriété communale ou provinciale, d'en développer les ressources, d'y régler l'industrie, le commerce et l'agriculture, d'y fonder des écoles et de les administrer, d'y créer et d'y entretenir des monuments, des musées, des académies, des facultés ; à eux seuls, en un mot, la délégation de tous les droits civils, au pouvoir politique et central la mission de les protéger.

En résumé, droits civils, domestiques et individuels ; c'est-à-dire, droits pour la province, la commune et la famille de gérer les intérêts provinciaux, communaux et domestiques ; droits pour l'individu, ainsi qu'on l'a vu dans un chapitre précédent, de penser, d'écrire et de s'associer, tel est le sanctuaire national dont l'accès reste interdit au pouvoir politique, et le domaine au-dessus duquel le pacte social ne lui a élevé un trône que pour l'y mettre en sentinelle.

Or, le pouvoir a confisqué le domaine et violé le sanctuaire. Nommer les ministères de l'instruction, de l'intérieur et des cultes, c'est dire la mesure du despotisme : et la liberté aux prises avec ces mille rouages de la centralisation y est broyée comme entre les cylindres d'un laminoir.

La centralisation, fille de l'athéisme au même titre que la Révolution, sa sœur aînée, n'est donc point d'origine moderne : il faut remonter à la Renaissance et aux révoltes du protestantisme pour en recueillir les premiers symptômes. Les franchises municipales du moyen âge ont été ses premières victimes. 89 n'a point enrayé sa marche progressive, et les attentats de la monarchie contre les pouvoirs secondaires de l'Etat ont été consommés par le gouvernement républicain ; c'est lui qui a mutilé la province par le morcellement départemental, absorbé le pouvoir communal par l'action des préfets, ses agents aveugles et irresponsables ; usurpé sur la famille, par le code civil, la gestion des intérêts domestiques, et par les lois d'enseignement le droit d'instruire et d'élever l'enfance. Au despotisme de Louis XIV, disant dans un jour d'orgueil : *l'Etat, c'est moi*, la Révolution a substitué le despotisme de la République disant, elle aussi : l'Etat, c'est nous. République ou monarchie, la forme n'importe guère, et le despotisme d'un homme n'est pas plus odieux que la tyrannie d'un Sénat. L'esprit centralisateur a envahi jusqu'aux constitutions; sa devise d'aujourd'hui est encore la formule d'hier; aux confiscations du domaine provincial, communal et domestique, ont succédé les confiscations du domaine individuel. Présentement elle a fini son œuvre et les grandes ruines commencent.

Par un étrange aveuglement, les gouvernements qui ont pétri cette argile ont cru s'en faire un roc pour y asseoir leurs trônes; mais l'argile s'est fondue sous les grandes eaux des tempêtes sociales qui, depuis moins d'un siècle, ont déjà noyé cinq couronnes.

Pouvaient-ils ignorer qu'un pouvoir centralisateur ne saurait, par ses nombreux agents, multiplier son action sociale sans provoquer des abus qui rejailliraient jusqu'à lui; froisser les familles et les individus dans leurs libertés les plus légitimes, sans ruiner son crédit mal défendu par l'irresponsabilité de ses mandataires? Devaient-ils ignorer que les sphères indépendantes de la province, de la commune et de la famille, les défendaient contre les passions des masses, plus énergiquement que leur police et leurs fonctionnaires; parce que l'indépendance appelle l'initiative, que la plénitude de la liberté rend le souci de son maintien plus impérieux, et qu'elle est l'atmosphère des grandes âmes et des fortes convictions, les meilleurs, les seuls remparts du trône? Le fonctionnarisme et la police, quel secours leur ont-ils apporté? quelle dynastie ont-ils soutenue? quel pays pourrait se dire mieux doté de ce côté-là que la France; mais en quel pays les pouvoirs ont-ils trouvé plus de tombeaux? Et la Révolution conjurée contre toute société et coutumière du régicide, qui frappe-t-elle de préférence, sinon les monarques centralisateurs, les souverains de ces malheureux états où l'ordre social repose tout entier; comme en France, sur la fragilité d'une seule existence, en sorte qu'il lui suffise, pour tuer la nation, d'une seule bombe ou d'un seul coup de poignard? Demandez à l'Angleterre pourquoi le régicide révolutionnaire n'y cherche pas plus de victimes : c'est que la mort du souverain ne changerait pas le gouvernement et n'y détruirait rien des institutions sur lesquelles l'ordre politique est fondé.

« Désintéressez la Révolution », a dit un jour un éminent publiciste (1), ce qui veut dire : décentralisez les pouvoirs. Car la Révolution ne souffle à l'esprit des gouvernants la folie de la centralisation que pour accumuler toute la vie sociale sur le point où elle veut frapper, et mûrir l'heure où son bras lui portera le coup mortel.

On s'explique, pour le dire en passant, l'opposition systématique de la gauche républicaine aux efforts décentralisateurs tentés par la Chambre, et à la loi nouvelle qui étend les attributions de nos conseils généraux. La filiation révolutionnaire de la gauche ne saurait faire l'objet d'un doute, et son attitude dit assez haut la persévérante unité d'action avec laquelle la Révolution poursuit son œuvre d'anéantissement social.

On pourrait s'étonner du développement prodigieux de la centralisation sous le régime impérial, au mépris de promesses solennellement données par ce gouvernement (2). Jamais l'empire, l'eût-il voulu, n'aurait pu réagir contre l'esprit centralisateur, parce qu'il était un pouvoir-lige de la Révolution, dont l'étoile maudite, dans un cours vieux de trois siècles, avait rayonné sur son berceau.

Le centralisme a graduellement effacé du cœur humain le sentiment de l'initiative et de la responsabilité personnelles. Habitués à sentir partout la main du pouvoir, les peuples d'aujourd'hui ne savent plus se passer d'elle : et ce n'est pas le moins triste épisode de l'insurrection communeuse, que l'attitude tremblante de ces milliers d'honnêtes parisiens armés et pourtant inertes devant une poignée de bandits, qui les poussaient à la mort, attendant avec l'apathie du fatalisme, l'heure où le Gouvernement viendrait pour les sauver.

A la place des pouvoirs intermédiaires évincés de l'ordre politique, on a multiplié dans la nation les ramifications de

(1) M. Danjou.

(2) Discours du Président de la République, à Limoges; et discours du comte de Morny, à Clermont.

l'action centraliste du pouvoir souverain. De là l'institution de la police, milice considérable de l'ordre intérieur, et le fonctionnarisme, puissance non moins importante de l'ordre administratif. Nous avons dit comment ces deux forces salariées par le Gouvernement, et dès lors sans indépendance, ne pouvaient remplir dans l'Etat le rôle aboli des causes secondes et laissaient l'autorité sans défense contre les passions des foules.

La police, corps éprouvé et fidèle, honorable sans doute, mais obscur, ne tente guère l'ambition des capacités sociales. Il en est autrement de l'Administration publique, sorte de récipient national alimenté tous les ans par une partie notable de la jeunesse instruite sortie des écoles. Il est triste sans doute de voir verser là tous les efforts intellectuels et le bagage scientifique de huit ou dix années d'études classiques, délaisser la littérature et la science pour les stérilités du fonctionnarisme. Mais quel remède à l'engouement qui précipite ainsi les générations nouvelles à l'assaut des fonctions publiques. C'est par l'Etat que tout sol s'échauffe, que tout germe se développe, que toute vie grandit, que tout mouvement s'opère; comment donc résister au prestige de refléter un rayon de ce vaste soleil? quelle ambition ne s'éveille à la pensée de se tailler un galon d'or ou d'argent dans le manteau partout révéré du pouvoir?

Sorti de la famille ou de l'école pour s'engrener au mécanisme gouvernemental, la jeunesse y perd vite son individualité sous l'action quotidienne des grands moteurs administratifs. Sa pensée, comme son corps, s'affuble en peu de temps d'un vêtement officiel, uniforme de tout l'engrenage: elle n'est plus qu'un rouage aveugle, recevant d'en haut le mouvement, pour le transmettre automatiquement suivant la loi d'un régulateur inflexible. Le régulateur, c'est la *circulaire*: le catéchisme officiel, le vade-mecum du fonctionnaire, le signal indicateur d'où les regards de son intelligence ne savent plus se détacher, et l'écueil où viennent échouer les promesses de son adolescence: esprit, études brillantes, talents naissants, génie peut-être. Rameau détaché de la famille, le scion s'est greffé sur un arbre dont la séve inféconde n'enfantera jamais ni fruits ni fleurs.

Non contente d'affaiblir le pouvoir qu'elle isole, la centralisation appauvrit la société, ou elle trouble le régime normal des courants vitaux. Trois grands canaux ramifiés dans l'Etat ont mission de distribuer leur séve à travers les moindres organes : l'agriculture, l'industrie, le commerce.

Si haut qu'on remonte dans l'histoire, on ne saurait découvrir un pays riche et civilisé qui n'ait dû à l'agriculture son principal bien-être. Barbare longtemps encore après la conquête, la Gaule ne vit apparaître l'ère pacifique de la civilisation qu'avec la charrue de ses premiers défricheurs ; et c'est par l'agriculture surtout que nous avons acquis cette opulence nationale dont le prestige excitait naguère la jalousie du monde entier. Toutefois, il est hors de doute que, par les nombreuses vallées qui courent vers ses frontières, par les routes ouvertes à sa marine vers les îles et les continents lointains, par la chaleur tempérée de son climat, la fertilité de son sol, la nature et la variété de ses gisements géologiques, par la souplesse et la merveilleuse vivacité de l'intelligence nationale, la France s'est vue rapidement dotée d'un vaste mouvement de fabrication, de transactions et d'échanges ; mais ces courants nouveaux, distribués avec mesure, se sont naturellement pondérés avec le courant des richesses agricoles dont ils n'étaient en principe que de simples dérivations. De là un immense trésor commun à chaque municipe ou province, et où les administrateurs municipaux ou provinciaux, ces pouvoirs secondaires de l'Etat, élaboraient librement la séve qu'ils dispensaient à la nation suivant les besoins des intérêts locaux et sans heurter les lois de la vie.

La ruine des pouvoirs secondaires entraîna celle de la pondération et la rupture de tout l'équilibre. Des règlements arbitraires émanés du pouvoir central, sur l'agriculture, l'industrie et le commerce, bouleversèrent le développement normal de la prospérité publique : on vit grandir l'esprit de spéculation et l'agiotage ; le commerce et l'industrie détrônèrent l'agriculture ; des fortunes instantanées, des gains scandaleux excitèrent les basses convoitises. L'argent semé dans la terre fructifiait au centuple, enrichissait le maître, nourrissait le travailleur, lui permettait l'épargne et ne ruinait personne ; aujourd'hui, déplacé du sol et lancé dans la spéculation, il peut accumuler sur une tête les trésors d'un royaume, asseoir sur des tas d'or le paria d'hier, et demain sur le pavé jeter nu le millionnaire. De là ce mirage fascinateur qui a précipité les peuples dans le tourbillon des hasards financiers, qui a multiplié les grands centres, aggloméré dans les villes la population des campagnes, le capitaliste d'abord, puis l'ouvrier sans fortune ; qui place ainsi face à face, mais séparées par un abîme de haines, les plaies béantes du paupérisme et les plaies non moins hideuses de la richesse : le luxe, la débauche et le libertinage ; de là ces colères implacables qui s'élèvent, comme de noires vapeurs, des bas-fonds de la société, et montent en nuages épais de tous les points de l'horizon, pour se résoudre en cataclysmes.

C'est dans les villes que le centralisme a frayé la route à la Révolution, là qu'il lui a forgé des armes et organisé des bataillons. Trop souvent la révolte échouait dans les campagnes, et l'air des champs neutralisait le poison de ses doctrines : c'est aux villes qu'elle s'adressa, à la fièvre de l'or et des spéculations qu'elle offrit ses promesses et ses mensonges. Etonnons-nous donc qu'elle y ait allumé ses plus ardents foyers. Etonnons-nous qu'elle prétende aujourd'hui rétablir des priviléges sociaux, après avoir nivelé tous les rangs pour l'élévation des travailleurs et du peuple, et que sur les autels, où elle célèbre pour l'instant l'apothéose des villes, elle s'en vienne immoler à leur intelligence le travailleur des campagnes, sa vieille idole de 89. L'intelligence des villes ! mais où donc la saisir ? Etait-ce à Paris, pendant la nuit sanglante où quelques milliers de scélérats faisaient trembler la ville reine ? Est-ce en province, dans ces grondements inusités, qui remuent le sol des grandes cités sous les bouillons de la lave démagogique prête à jaillir par mille cratères? en province, où la démagogie triomphe dans les conseils municipaux, par la coupable incurie des prétendus Conservateurs?

L'intelligence des villes! mais c'est le grossier nuage de l'encens révolutionnaire fumant devant la vanité bourgeoise, et lui cachant les trames pourtant assez manifestes du complot ourdi contre l'ordre social.

Voilà les fruits d'une recherche exagérée de l'or par le négoce et l'industrie, favorisés des activités sociales enlevées à l'agriculture. C'est le résultat inévitable de l'incompétence du pouvoir central à gérer les intérêts locaux de la commune et de la province.

L'agriculture, source autrement féconde de bien-être, assez riche pour décupler en France le mouvement commercial et industriel; où les travaux d'une gymnastique assidue virilisent l'homme que l'usine atrophie et que le mercantilisme consume; où chaque goutte de sueur versée dans le sillon est un prêt fait au sol, débiteur magnifique qui rend tout avec usure; où des gains assurés, mais périodiques et réglés par la loi d'une sage Providence, n'allument point dans les âmes la fièvre des spéculations ruineuses; où la nature met l'homme chaque jour en face des grandes œuvres de Dieu, et le rend l'intime témoin et le coopérateur de la création divine; l'agriculture enfin, glorieuse par son origine, sainte par son berceau qui fut l'Eden, et où la société reconquiert les parchemins perdus de sa noblesse originelle ; à quels effacements n'est-elle pas condamnée sur le sol français, le mieux doué et le plus fertile peut-être qu'il y ait au monde!

Et qu'on n'objecte point nos comices agricoles patronnés par le pouvoir politique, et les primes encourageantes de nos concours régionaux. De bonne foi, trouve-t-on dans ces institutions les conditions d'un patronage vraiment efficace? Ont-elles jamais servi à augmenter la production, à perfectionner l'instruction agricole chez le paysan qui n'a pour vivre que le revenu annuel de son champ? Ignore-t-on à quel prix et par quels sacrifices l'agriculteur aisé achète l'illustration d'une prime, ou l'honneur d'une mention publique? Est-ce là stimuler l'effort pratique et intelligent du cultivateur, ou plutôt n'est-ce point encourager la production coûteuse de phénomènes végétaux ou animaux, bons seulement à piquer la curiosité de l'opinion et à satisfaire la vanité du producteur, au grand détriment de son pécule de l'année? Sachons donc ne point nous faire illusion sur la valeur de ces encouragements factices, mais écoutons les plaintes unanimes des campagnes, qui, de chaque village et des moindres hameaux, montent énergiquement vers le pouvoir : ce sont les bras qui manquent aux champs, et qu'absorbent l'usine et nos armements gigantesques; ce sont d'onéreux emprunts pour remplacer les capitaux engagés dans la spéculation, c'est l'hypothèque, l'usure et le crédit foncier; c'est l'impôt qui écrase la terre; et dont la fortune mobilière reste affranchie; c'est le fisc rognant chaque héritage; c'est enfin le morcellement du sol, qui réduit l'étendue d'un champ au point souvent d'y rendre impossibles les mouvements de la charrue, qui repousse la grande culture et par conséquent le vrai progrès agricole, qui retient des territoires entiers sous la loi d'un assolement uniforme, enlève ainsi à l'agriculteur le libre choix de ses productions, et transforme la propriété privée en une sorte de domaine communal qui est un premier pas vers le socialisme.

En maints endroits cependant, l'industrieuse activité du laboureur a déjoué les obstacles et réalisé de sérieux progrès, mais à quelles conditions et à quel prix! Quelle énergie, quelle opiniâtreté, quels efforts d'intelligence ne lui a-t-il pas fallu déployer pour féconder son labeur? Et puisqu'on parle tant aujourd'hui de la royauté intellectuelle des villes, ne voit-on pas dans cet éloge la plus criante des injustices, et l'équité ne veut-elle pas que la palme, s'il y a lieu, revienne aux campagnes, où, par ce temps de sécheresse et de stérilités morales, la sagesse, fruit sans contredit le plus goûté de l'intelligence, apparaît encore adhérent à quelques rameaux vivaces, quand dans les villes tout l'arbre est mort, depuis les branches jusqu'à la racine?

Nous venons d'appuyer en passant sur une plaie sociale que les écrivains les plus autorisés de l'époque contemporaine ont depuis longtemps signalée à l'attention publique, le morcellement de la propriété par la loi sur les successions.

Le virus égalitaire de la Révolution s'est infiltré si universellement dans les masses, qu'on ne saurait toucher à cette plaie, sans s'exposer à l'accusation traditionnelle de retour au moyen âge et aux abus du régime féodal. Nous ne prenons pas souci de ce reproche : les pages qui précèdent disent assez clairement si nous sommes partisan de la vraie liberté. Quoi qu'il en soit du préjugé national et de la puissance de pénétration de ses racines, il est notoire que la loi sur les successions est une atteinte à la liberté du père de famille, investi par la loi naturelle du droit de régler lui-même la part et les conditions d'héritage qu'il destine à ses enfants, et par conséquent un acte de centralisation ; qu'en outre, cette loi arbitraire tend à détruire la propriété collective et par là même à rompre les liens domestiques, à désaggréger la famille et à ruiner le patriotisme.

Les familles, avons-nous dit, s'agglomérant d'après une loi providentielle, pour vivre en société politique, ont établi, pour le maintien de leurs droits, un pouvoir commun, exclusivement chargé de la justice et de la guerre. Si loin qu'on veuille étendre les attributions de ce pouvoir, il existe une limite que la logique ne saurait dépasser. C'est celle du droit que le père de famille n'a pu déléguer, par la raison élémentaire qu'ayant tout moyen physique et moral de l'exercer lui-même, c'eût été déroger à sa condition que de l'abandonner à un pouvoir étranger. Le pouvoir paternel a délégué la justice, parce qu'entre famille et famille, ou famille et commune, les contestations réclament l'intervention d'un tiers, nul n'étant juge dans sa propre cause ; il a en outre délégué la guerre, n'ayant pas, vu son isolement, les moyens de repousser les agressions du nombre et de la force. Hors de ces deux délégations et des conséquences qui en dérivent, le domaine domestique reste inviolable. C'est dire, par conséquent, que toute fortune acquise par le père de famille, fruit de ses sueurs ou des libéralités d'autrui, est son entière propriété ; qu'à lu seul revient le droit de la régir et la mission d'en disposer.

Ce qu'il doit à ses enfants, Montesquieu se charge de nous l'apprendre : « La loi naturelle, écrit-il, ordonne aux pères de nourrir leurs enfants, mais elle n'oblige pas à les faire héritiers ». Cela s'explique : dans tous les ordres de la création, la loi générale de reproduction et d'entretien des êtres est uniforme. Tout être a une fin et réclame la force et les moyens d'y atteindre, mais il n'exige rien au delà. La faculté de reproduire un être implique donc chez son auteur le devoir de lui communiquer ces moyens qu'il réclame, et rien de plus : c'est proprement le rôle des causes secondes continuant l'œuvre du Dieu créateur. Dans le règne animal, par exemple, la femelle allaite sa progéniture et la nourrit jusqu'au jour où ses forces développées la rendent apte à marcher d'elle-même vers sa fin matérielle, ensuite elle l'abandonne. Chez la plante, le bourgeon grossit, la branche apparaît, grandit, se couvre de fleurs, puis de fruits ; enfin, le fruit devenu mûr, se sépare de la tige mère lorsque la séve a constitué dans la graine des organes assez puissants pour lui permettre de puiser elle-même dans le sol les éléments d'un arbre nouveau. Ainsi, chez l'homme : nourrir l'enfant, c'est-à-dire pénétrer son corps et son âme d'une force suffisante pour les rendre capables d'atteindre eux-mêmes socialement leur double fin, tel est le devoir du père de famille, clairement indiqué par la loi naturelle avec ses limites bien précises, excluant toute obligation de léguer à sa descendance. D'où il suit que les injonctions de la loi politique relatives aux successions sont une violation de la liberté du père et du domaine domestique.

Que Dieu, qui a fait la famille, et qui veut par conséquent son maintien et sa perpétuation, enjoigne au père de lui garder son héritage, c'est là une vérité d'ordre élémentaire ; mais la raison de cette loi tient uniquement à la conservation de la famille humaine, raison capitale et d'où nous verrons sortir tout à l'heure des enseignements aujourd'hui bien oubliés.

La division par égale part d'un patrimoine, enjointe au père par la loi civile, est la négation de sa liberté dans la manifestation la plus légitime de son amour : c'est une œuvre immorale, qui favorise au sein de la famille la vertu comme le vice, l'enfant soumis et laborieux comme le rebelle et le dissipateur; elle annule les sanctions des justices domestiques temporellement impuissantes pour bénir ou pour maudire, et détruit ainsi l'une des plus nobles prérogatives de la dignité paternelle que Dieu lui-même entoure de son respect, et qu'il abrite avec un soin jaloux dans le sanctuaire de ses commandements.

Le morcellement du sol tend à la destruction de la propriété, parce qu'il la subdivise à l'infini, et que tout principe de division est un germe de destruction. Telle exploitation, telle industrie prospère, grâce à l'indivision d'un domaine ou d'un capital, source à la fois de richesses pour la famille et de bien-être matériel et moral pour une population pauvre qu'elle faisait vivre, disparaît à la mort d'un père qui plonge du même coup les enfants dans la gêne par l'insuffisance d'une part exiguë, et l'ouvrier que l'entreprise occupait, dans la misère.

« Chaque génération, écrit un savant publiciste (1), voit diviser par le fatalisme de la loi les unités agricoles, industrielles et commerciales, créées par la tradition, et détruire sans aucune compensation les forces morales attachées à la transmission simultanée de ces unités et des noms de famille. Abaissés systématiquement par la loi des partages, au-dessous de la condition paternelle, les jeunes gens laborieux doivent donc recommencer incessamment l'œuvre des générations précédentes ».

Ajoutons qu'avec ces unités s'effacent les enseignements que toute grande œuvre humaine projette autour d'elle, enseignements d'autant plus féconds, que l'œuvre est la récompense des vertus sociales les plus louables.

(1) M. Le Play.

Mais en dehors des ruines nées de la loi politique, que d'entreprises généreuses n'a-t-elle pas étouffées dans leur germe; que de désirs, que de projets inspirés par l'amour de la famille et paralysés dans le cœur d'un père à la seule idée du sort que la loi réserverait à ses créations !

« Quel intérêt », écrit M. de Bonald, « peut mettre le propriétaire à l'acquisition et à l'amélioration d'une propriété qui lui donne tant d'embarras pendant sa vie, et qui doit à sa mort disparaître en fractions imperceptibles, et aller grossir le patrimoine d'une famille étrangère ? Comment oserait-il se livrer à des spéculations d'améliorations qu'il ne peut pas achever, et que personne après lui ne doit continuer ? qui avancera les fonds nécessaires, au risque de se voir ballotter entre de nombreux héritiers ? Les enfants ne diront plus comme leur père lui-même a dit : Ce sont les arbres que mon père a plantés, les champs qu'il a défrichés, la fontaine qu'il a creusée. Il ne restera plus de monuments de l'intelligence et des labeurs de leur père ; ces souvenirs si touchants qu'ils font naître et qui inspirent le désir d'en laisser de semblables à ses enfants s'effacent entièrement, et des enfants ne savent plus où a été leur berceau ni où repose la cendre de leurs pères ! »

Nous avons dit que l'obligation de tester en faveur de la famille, résulte pour le pouvoir paternel du devoir de veiller au maintien et à la perpétuation de la société domestique. D'où il suit que la stabilité de la famille est étroitement liée à la stabilité de son patrimoine. Si donc la loi du morcellement tend à détruire le domaine domestique, elle tend non moins fatalement à détruire la famille.

Impossible de fonder une société durable, sans l'unir dans l'ordre matériel, aussi bien que dans l'ordre moral, par les liens d'un commun patrimoine. Il y a le domaine public de l'Etat, ses palais, ses frontières, ses routes, ses canaux, ses fleuves, ses forêts, en un mot toutes ses richesses matérielles, comme il y a le domaine municipal, les terres de la commune et surtout la mairie et l'église, comme il devrait y avoir le domaine domestique, c'est-à-dire, avant tout, la maison paternelle. Ce domaine domestique, réduit pour le pauvre à un petit champ, à un maigre jardin ou à la chaumière, est un centre où viennent se rejoindre et s'entretenir tous les liens de la plus étroite affection. Détruisez ce centre, et surtout le foyer de la maison paternelle, la famille se désagrége, les membres se dispersent pour souvent ne jamais se revoir.

« Comme c'est le clocher et la mairie qui réunissent les familles et font exister la commune, écrit le Père Ventura, de même c'est la maison qui réunit les individus et fait exister la famille. Fermez l'église et supprimez la mairie, les familles se séparent et il n'y a plus de commune; et de même vendez la maison, les individus se débandent, et il n'y a plus de famille. C'est la maison paternelle qui, dépositaire des plus doux souvenirs, aussi bien que du nom de la famille, attire autour d'elle tous ceux qui y sont nés, et les attache à la localité. C'est la maison paternelle qui maintient et qui explique cet amour du sol natal qui fait qu'on préfère bien souvent un sol ingrat et stérile aux plus commodes et aux plus riantes positions. C'est enfin la maison paternelle qui rappelle incessamment les principes de fraternité, de sociabilité et d'ordre, desquels découlent tous les sentiments honnêtes et vertueux.

« Mais dès l'instant où, par votre loi du partage, de jeunes frères voient le petit champ qu'ils avaient trempé de leurs sueurs vierges, mis en lambeaux, et la maison elle-même qui avait entendu leurs premiers vagissements, et dans laquelle ils avaient grandi, changée contre de l'argent et passée dans des mains étrangères ou rivales; dès l'instant où ils perdent ce centre commun d'union, ce foyer de l'esprit de famille, ce signe d'espérance, de secours et de protection dans les jours de malheur, qui les fixaient sur la localité, ils ne peuvent s'empêcher d'éprouver de ces sentiments de honte, de rancune et de dépit qui les poussent à s'expatrier ».

Ils s'expatrient ou s'en vont dans les villes chercher les gains élevés mais trompeurs de l'usine ou de l'atelier, et perdre bientôt le souvenir du sol natal qu'ils ont hâte d'oublier.

Il n'y a donc pas lieu de s'étonner de ces fréquentes dispersions des familles en France, et de la mobilité de leur existence. Combien en trouverait-on, de nos jours, qui aient su garder le domaine et l'habitation de leurs ancêtres, y vivre heureux entre leurs berceaux et leurs tombes ? Combien, surtout dans les villes, qui aient un foyer stable, et qui ne soient pas dans leur logis d'un moment les hôtes indifférents de l'étranger ? Que de familles désunies, où l'on ne connaît plus les joies intimes de la maison et le dévouement à la prospérité commune, où l'amitié se meurt glacée par de fratricides calculs ou de parricides espérances !

On frémit de sentir la vie nationale disparaître sous un égoïsme universel. L'isolement se fait dans les âmes où, malgré le rapprochement des intelligences en vue des besoins matériels, les cœurs restent séparés par les abîmes d'une immense solitude. Comment donc renouer des liens politiques entre des hommes rebelles aux attaches domestiques, inculquer le culte du foyer national dans des êtres sans amour pour le foyer paternel ? Mais l'amour du foyer, c'est la moelle du patriotisme. Demandez à l'exilé, quand le nom de la patrie retentit à ses oreilles et fait vibrer son cœur, sous quels traits l'image évoquée vient animer son souvenir ? C'est le clocher natal, parfois le clocher d'un bien humble village, c'est la maison où son âme a été nourrie des premières leçons d'une mère, où son cœur s'est ouvert sous l'étreinte de ses premières caresses ; c'est toujours l'habitation de la famille, toujours le toit protecteur du berceau !

Que le patriotisme s'en aille, est-ce merveille chez des enfants qui ont vu leur champ découpé, leur habitation vendue et jusqu'aux objets les plus vénérés de leur piété filiale mis à l'encan par une législation sans entrailles ? est-ce merveille chez l'ouvrier que le morcellement chasse de la campagne, et qui s'en va grossir dans les grandes villes l'armée cosmopolite de la Révolution ?

La gravité du mal n'échappe à personne; mais on recule devant le remède : on a peur du droit d'aînesse, institution toute divine, sur laquelle Dieu lui-même a voulu fonder la société primitive; l'on ne veut point de réformes qui en pourraient éveiller le souvenir et qui, dit-on, répugnent à nos mœurs. Si nos sociétés matérialistes sont incapables d'un retour à l'intégrité du principe, il serait pourtant facile, sans rien bouleverser des lois politiques, d'obvier au désordre que nous signalons. La loi dans tout héritage distingue une quotité disponible, et laisse le père de famille entièrement libre d'en faire ce qu'il veut, d'en frustrer même ses enfants, si bon lui semble, de la léguer à qui lui plaira. Est-ce trop demander, qu'à ces destinations la loi ajoute celle de l'inaliénabilité et et de l'immobilisation au profit de la descendance paternelle ; en d'autres termes, qu'elle cesse d'interdire le principe des *substitutions ?* La mesure ne saurait heurter nos mœurs égalitaires, elle consacre au contraire la plus élémentaire des libertés. Le legs de la portion disponible permis au père en faveur d'un être collectif, un établissement public par exemple, n'est autre chose qu'une immobilisation de son patrimoine, au profit d'un légataire étranger; nous demandons qu'on ne lui nie pas plus longtemps le droit de faire la même faveur à sa propre postérité. Pour la maison paternelle, elle est avant tout le domaine moral de la famille, c'est donc un bien qu'on ne saurait ni diviser ni vendre.

Atteinte par la centralisation dans le droit de tester, la liberté domestique est encore frappée d'une manière non moins fatale à l'ordre politique par une institution émanée du même principe centraliste, institution toute moderne et pourtant déjà flétrie dans l'opinion publique; nous voulons parler du suffrage universel.

Faire acte de suffrage, c'est faire acte d'autorité ; c'est, dans l'ordre politique, choisir le représentant du pouvoir, c'est constituer le pouvoir national.

Déléguer le pouvoir est, nous l'avons vu, la mission légitime du père de famille, l'autorité n'étant qu'une extension de la paternité, dans l'ordre physique comme dans l'ordre moral. Logiquement donc, le droit de suffrage appartient au pouvoir paternel.

La raison sociale de l'afférence exclusive du droit de suffrage à la dignité paternelle est dans la nature même du ministère dont le père de famille est revêtu ; il est le conservateur et l'administrateur légitime des intérêts domestiques, et par conséquent des vrais intérêts sociaux, le défenseur-né de la propriété, des droits de la famille, c'est-à-dire aussi des droits de la société, et partant l'ennemi juré de la Révolution.

De même que les questions d'intérêt ne se résolvent entre les familles que par l'intermédiaire de leurs représentants naturels; de même entre les nations, les intérêts ne peuvent se débattre que par l'intermédiaire de leurs représentants délégués. De telle sorte qu'aux seuls représentants naturels de la famille, c'est-à-dire aux pères, revient le droit de délégation représentative ou le droit de suffrage.

Cette théorie si simple et si vraie repose sur la loi naturelle et demeure à l'abri, par conséquent, des fluctuations de la politique moderne. Elle échappe à l'arbitraire du droit de suffrage, fondé sur le payement de l'impôt, système odieux qui consiste à privilégier la richesse matérielle au détriment de la loi morale; elle échappe aux combinaisons révolutionnaires, qui préconisent la suprématie des intelligences, ainsi qu'à la vénalité du suffrage octroyé à l'universalité des citoyens.

La loi moderne, qui défère à tout citoyen majeur en France le droit de suffrage, déplace donc à la fois le siége de l'autorité et le droit de représentation, en les attribuant à des individualités dépourvues du caractère de la paternité : elle viole les droits du pouvoir domestique que la délégation des pères de famille lui avait enjoint de protéger.

Tous les peuples sages de l'antiquité ont mieux compris que nous l'exercice du droit public de suffrage et de représentation nationale, et leurs traditions témoignent éloquemment de l'autorité qu'en pareil cas ils reconnaissaient à tout caractère de paternité physique ou morale, comme aussi de toute paternité que l'âge et l'expérience peuvent conférer dans une société.

« Non-seulement les pères, écrit Fleury, mais tous les vieillards, avaient une grande autorité chez les Israélites et chez tous les peuples de l'antiquité. Partout on a d'abord choisi les juges des affaires particulières et les conseillers du public entre les hommes les plus âgés. De là vinrent à Rome les noms de Sénat et de Pères, et ce grand respect pour la vieillesse qu'ils avaient pris des Lacédémoniens ».

Les premiers sénateurs de Rome s'appelaient Pères conscrits, et la dignité de citoyen romain a été longtemps le privilége exclusif des pères de famille.

Du temps même de nos états généraux, les membres de ces grandes assemblées n'y paraissaient qu'en vertu du principe implicitement admis de paternité physique ou morale ; la noblesse y représentait la paternité civile, inhérente au pouvoir effectif qu'elle exerçait sur ses vassaux, tout pouvoir quel qu'il soit venant de Dieu, a dit saint Paul, et par conséquent, impliquant une mission de paternité ; les évêques, les abbés et tous les supérieurs ecclésiastiques y siégeaient au nom de leur paternité spirituelle ; et enfin les membres du tiers état, qui, ne possédant aucun domaine, ne pouvaient fonder leur droit de représentation sur la richesse, ne prenaient part aux délibérations qu'en vertu du caractère de paternité domestique, étendu aux pouvoirs municipaux et provinciaux dont ils étaient les représentants.

Inutile de retracer ici les scandales et les hontes publiques des manœuvres électorales inévitables dans tout pays gratifié de l'universalité du suffrage, de rappeler le mercantilisme des consciences chez tant d'électeurs déclassés qui, sur leur front stigmatisé par la cupidité et la débauche, portent l'enseigne de leur vénalité. Demandons-nous seulement si l'histoire du suffrage universel a jamais enregistré de vrais succès acquis à la cause de la vraie liberté. Nous la mettons au défi de nous montrer une majorité représentative, unie, compacte et ferme, qui n'ait jamais transigé avec le devoir dans toutes les questions religieuses et morales où l'homme n'a qu'une route honnête à choisir.

Est-ce surprenant, si l'on songe que la grande masse de l'humanité a toujours été le jouet des passions mauvaises, et que sous l'empire de ses propres inspirations, sous l'empire surtout des organes impies de la presse, si puissante, comme on l'a montré, sur l'opinion, elle ne cherche dans sa représentation que le reflet de son indigente personnalité. Et si la Providence aujourd'hui semble avoir permis que le suffrage fût infidèle à son passé, en groupant plus nombreux que jamais autour de la tribune française les vrais représentants de la justice et du droit, ne le devons-nous pas à des événements inattendus qui ont restreint les suffrages des villes et accru les votes des populations rurales, les plus sensées, osons le dire, et les plus honnêtes de la nation ? La preuve en est dans le grand nombre de représentants révolutionnaires sortis du dernier scrutin par l'écartement des obstacles jusqu'alors opposés à l'influence électorale des villes.

L'universalité du suffrage est un présent de l'athéisme révolutionnaire, par la raison que ce principe nie la provenance du droit d'élection comme attribution naturelle du caractère divin de la paternité, et que l'athéisme, ennemi de toute affirmation divine, s'arme par là d'un engin nouveau pour chasser Dieu du corps social.

Nous savons ce qu'une telle arme a de redoutable aux mains des sectes révolutionnaires, fidèles aux programmes et à la direction de leurs mystérieux guides. Elle est l'arme du nombre, l'arme par conséquent de la force brutale, destinée à donner finalement la victoire au mensonge, arme si puissante, si fatale à la société, qu'elle a dans les villes aujourd'hui rendu le champ libre autour de l'urne électorale à la minorité perverse, après avoir balayé devant elle la majorité conservatrice, lasse enfin de tant de scrutins inutiles, et découragée de la stérilité de ses suffrages. Les contradictions et les fluctuations de ce prétendu principe ont épuisé la patience des honnêtes gens et fatigué l'énergie des pères de famille. La résistance s'affaiblit tous les jours et l'on prévoit l'heure, hélas prochaine, où l'assaillant victorieux pénétrera dans la citadelle.

Universalité du suffrage, morcellement des héritages, interdiction des substitutions, ruine du patriotisme et écrasement de l'agriculture, prépondérance de l'industrie et du commerce, débordement du luxe, police et fonctionnarisme, violation et absorption de toutes les libertés individuelles, domestiques et civiles : tels sont donc les fruits amers de cette centralisation antichrétienne de la politique intérieure du pouvoir au bénéfice exclusif de la Révolution.

IV

LA CENTRALISATION DANS LE DOMAINE RELIGIEUX

Il nous reste à parler d'un autre attentat du pouvoir dans le domaine des libertés sociales : la violation de la liberté religieuse.

Nous avons considéré jusqu'ici deux sortes d'états sociaux dans l'humanité, la société domestique groupant les individus en familles, et la société politique reliant les familles en nations. Impossible d'en demeurer là sans briser la chaîne qui unit l'homme social au Créateur; et Dieu, qui a voulu le groupe des individus et celui des familles, devait nécessairement compléter son œuvre en résumant l'ensemble de l'humanité dans un troisième et dernier groupe, qui est l'universelle société des nations.

Pas de société possible, avons-nous dit, sans autorité; pas de famille sans un pouvoir domestique, pas de nation sans un pouvoir politique; donc pas de société universelle sans un pouvoir universel.

Tout est prévu, nous le répétons, et enchaîné dans le plan divin, et pour le groupe des nations, comme pour celui des familles et des individus, le caractère de la souveraineté émane encore des attributions constitutives des quatre grandes dignités sociales.

Nous avons vu la dignité paternelle devenir le principe du pouvoir domestique, la dignité royale, délégation de l'autorité paternelle, constituer le pouvoir politique; reste la dignité de Docteur et de Pontife, qui sera la raison du pouvoir universel.

Les dignités sociales dans la famille et dans l'Etat sont de droit naturel, Dieu n'ayant pas jugé nécessaire d'intervenir directement pour les fonder ; mais si haute était la dignité sanctificatrice de Docteur et de Pontife, que Dieu l'a voulu privilégier d'une intervention spéciale en couronnant visiblement le pouvoir qui devait la revêtir. C'est le Sacerdoce que, par droit divin, Dieu a fait Docteur et Pontife, et qu'il a sacré par la bouche même de son Verbe.

Ainsi, la famille unissant les individus sous l'autorité du pouvoir domestique ; la nation ou l'Etat groupant les familles sous le sceptre du pouvoir politique ; et enfin la société religieuse, et donnons-lui son nom, l'*Eglise*, rattachant les nations sous la juridiction du pouvoir sacerdotal : tels sont les termes distincts, mais unis de la grande trinité humaine : c'est l'œuvre de Dieu par excellence, avec ses harmonies, son unité et ses variétés, ses conditions d'ordre, de stabilité, de vraie grandeur et de vraie civilisation.

Impossible de séparer ces trois sociétés sans détruire l'harmonie du plan divin, sans mutiler l'œuvre divine. Tous les ouvrages de Dieu portent le sceau de l'unité, mais à la façon de la lumière, une par son foyer, multiple par la variété de ses rayons. La famille et la nation, distinctes par conséquent l'une de l'autre comme de l'Eglise, et susceptibles d'évolutions et de développements divers dans le domaine de leur fin immédiate ou l'ordre temporel, sont cependant une avec l'Eglise par l'identité de leur fin suprême qui est Dieu. Elles sont une, et partant hiérarchisées ; car pas d'unité en dehors de Dieu sans hiérarchie. Elles se subordonnent selon la nature et l'importance de leur fin : par la nature temporelle de leur fin immédiate, les sociétés domestique et politique se subordonnent à l'Eglise, dont le but est spirituel ; la famille, par sa fin bornée, le cède à l'Etat dont le domaine est plus général ; et malgré l'identité de leur fin dernière, l'Eglise, dont la fin embrasse l'universalité du monde et étend son empire jusqu'au-delà du tombeau, prévaut sur les pouvoirs politiques et domestiques, qui ne peuvent tendre à cette fin que dans le domaine restreint de l'Etat et de la famille, et dans la sphère de la vie présente.

Tels sont les trois anneaux de la chaîne sociale, unis mais non confondus, inséparables mais toujours distincts.

Cette souveraineté de l'Eglise est à la fois légitime et salutaire. Qu'il s'agisse des sociétés dans leurs relations internationales, ou des souverains et des peuples dans leurs relations politiques, ou même des familles et des individus dans leurs relations purement civiles ; nulle part les liens sociaux, si restreints qu'on le suppose au bien-être matériel des peuples, ne peuvent éviter d'étroites affinités avec leur bien moral. La fin morale d'une société n'est pas plus séparable de sa fin temporelle, que dans l'homme l'âme n'est séparable du corps. Donc, point de rapports sociaux qui n'intéressent la fin morale des nations, et qui dès lors n'appellent légitimement l'intervention du Siége apostolique, seul juge, de par droit divin, du for spirituel et des consciences.

Cette intervention est seule efficace à protéger les droits et la liberté des peuples, l'Eglise seule étant infaillible dans l'interprétation de la vérité et de la justice, qui sont les bases essentielles de toute constitution vraiment libérale. Aussi la servitude est-elle presque toujours l'apanage des nations soustraites au pouvoir sanctificateur du Sacerdoce.

Il est donc faux que la subordination de l'Etat à l'Eglise entraîne, comme on l'a prétendu, l'absorption de l'Etat par l'Eglise ; autant vaudrait affirmer que la subordination de la famille à l'Etat implique nécessairement l'absorption de la famille par l'Etat. L'Eglise, loin de vouloir ruiner l'œuvre divine en imitant la centralisation des gouvernements modernes, a toujours professé le respect des puissances secondaires. Elle régit les évêques sans absorber leur pouvoir, dont elle reconnaît l'indépendance ; encore moins voudrait-elle absorber l'Etat, dont le domaine lui est plus étranger. L'absorption est un acte de centralisation, un attentat révolutionnaire consommé contre l'autorité et la liberté religieuse par les pouvoirs politiques, qui viennent aujourd'hui imputer à l'Eglise le crime dont elle est victime, et dont eux seuls sont coupables.

Comme le pouvoir domestique s'impose à la famille pour y faire régner l'union, et le pouvoir politique à l'Etat pour y protéger l'ordre ; ainsi le pouvoir religieux s'impose à la société des nations pour y maintenir l'équilibre et la concorde. Détruisez le pouvoir domestique, vous divisez la famille ; renversez le pouvoir politique, vous jetez l'Etat dans l'anarchie ; supprimez le pouvoir religieux, vous armez les nations pour la guerre.

Exclure la souveraineté religieuse, c'est donc détruire la justice internationale. C'est rendre indistinctement chaque peuple à la fois juge et partie dans sa cause ; c'est lui constituer en dernier ressort le droit d'appel au canon; c'est soumettre dès lors le monde à l'empire exclusif de la force brutale.

« Ceux qui ont voulu, écrit M. de Bonald, établir un tribunal pour juger les querelles des nations, et établir ainsi entre elles une paix perpétuelle, ont proposé une chose contre nature ; car un tribunal suppose une force supérieure à celle des parties, qui puisse les soumettre au jugement prononcé contre elles ; et ce tribunal, composé de nations, n'aurait aucune force contre les nations. Ce serait la constitution germanique appliquée à l'Europe en général ; constitution forte contre les faibles, et faible contre les forts. Les philosophes modernes ont beaucoup déclamé contre la guerre, jusqu'au moment où elle s'est faite pour leur compte et pour étendre leurs opinions ».

C'est donc folie de demander l'équilibre européen aux expédients de la politique moderne, aux confédérations nées d'hier et déjà dissoutes, aux alliances bâties sur l'intérêt matériel des peuples et sur l'ambition de leurs souverains. Les intérêts matériels sont mouvants comme le sable et l'ambition des rois mobile comme leur fortune. A la justice sociale seule la garantie des lois d'équilibre : à la justice paternelle l'équilibre et la paix de la famille ; à la justice nationale l'équilibre et la paix de l'Etat ; à la justice universelle, c'est-à-dire au Pontife universel, l'équilibre et la paix de l'Europe, comme l'équilibre et la paix du monde.

L'histoire d'ailleurs vient ici nous prêter l'appui de son témoignage sur l'état politique des sociétés européennes, lorsque les peuples étaient chrétiens et que le respect de l'Eglise demeurait le suprême honneur de la couronne royale. Qu'alors il y ait eu des guerres, ce n'est point chose surprenante : la guerre, fruit de la déchéance originelle, est entrée dans le monde avec le péché, et ne finira qu'avec la race humaine ; mais aux temps prospères de l'Eglise, que de fléaux évités, que d'Etats protégés par la puissance pontificale ! Qui ne connaît les luttes héroïques du sacerdoce contre l'empire ? Ignore-t-on que, sans la papauté, l'Europe tombait asservie sous l'ambition des despotes allemands, héritiers des traditions césariennes du paganisme ? Qui n'a lu ou entendu raconter l'histoire de ces petites républiques italiennes, si libres et si fières de leurs richesses artistiques et industrielles, à l'ombre du trône pontifical, et protégées par sa justice contre les convoitises de leurs puissants voisins ? Rappelons-nous le Portugal et l'Espagne à la veille de trancher par la guerre leurs prétentions réciproques aux découvertes du nouveau monde, déposant les armes à la voix du Pontife romain qui, d'un trait de plume, terminait le conflit et faisait lui-même la part respective des deux peuples. Rappelons-nous encore les rois de France et d'Aragon, sur le point d'en venir aux mains, faisant un commun appel à la justice du Saint-Siége pour vider leur différend et épargner le sang de leurs peuples.

Des écrivains protestants, séduits eux-mêmes par l'incontestable évidence de ces vérités, n'ont pu se dispenser de rendre hommage à l'influence sociale du Sacerdoce au moyen âge.

C'est d'abord M. Coquerel, chef du consistoire protestant de Paris :

« Le pouvoir pontifical, écrit-il, disposant des couronnes, empêchait le despotisme de devenir atroce. Aussi dans ces temps de (*ténèbres*) ne voyons-nous aucun exemple de tyrannie comparable à celle des Domitien de Rome. Un Tibère était impossible, Rome l'eût écrasé. Les grands despotismes arrivent quand les rois se persuadent qu'il n'y a rien au-dessus d'eux; c'est alors que l'ivresse d'un pouvoir illimité enfante les plus atroces forfaits ».

Un ministre anglican, dans la *Quaterly Review*, 1842, s'exprime de la sorte :

« Pour être soumis à la haute direction du Pape, qu'on ne croie pas que les royaumes du moyen âge en fussent moins heureux ni moins libres; le contraire est la vérité. C'était une belle souveraineté que celle des Innocent et des Grégoire..... Respectez-moi, soumettez-vous, obéissez, disait-elle, en échange je vous donnerai l'ordre, la science, l'union, l'organisation, le progrès..... D'une main la papauté luttait contre le croissant; de l'autre, elle étouffait les restes du paganisme énergique du septentrion. Elle ralliait comme autour d'un point central les forces morales et intellectuelles de l'espèce humaine. Elle était despote comme le soleil qui fait rouler le globe ».

Le même auteur a dit encore :

« N'était-ce pas une chose admirable de voir un empereur allemand, dans la plénitude de sa puissance, au moment même où il précipitait ses soldats pour étouffer le germe des républiques d'Italie, s'arrêter tout à coup et ne pouvoir passer outre ; des tyrans couverts de leur armure, environnés de leurs soldats, Philippe de France ou Jean d'Angleterre, suspendre leur vengeance et se sentir frappés d'impuissance?... à la voix de qui, je vous prie? à la voix d'un pauvre vieillard habitant une cité lointaine, avec deux bataillons de mauvaises troupes, et possédant à peine quelques lieues d'un terrain contesté! N'est-ce pas un spectacle fait pour élever l'âme, une merveille plus étrange que celle dont la légende est remplie?

M. Urquhart, publiciste protestant, ne reconnaît qu'à l'Eglise le pouvoir de constituer le tribunal suprême des nations.

« En cas de différends entre les Etats, écrit-il, les églises nationales se mettent nécessairement du côté de leur nation. Il n'en est pas ainsi de l'Eglise de Rome. Elle examine les griefs avec impartialité et elle prononce de même. Si le coupable ne veut pas se rendre, elle l'excommunie. Il n'y a pas de communauté petite ou grande qui puisse mériter le nom de juste, si elle n'exclut pas de son sein les hommes qui manquent à l'honneur, c'est-à-dire si elle ne les excommunie pas. Craindre l'usage de cette arme de l'excommunication, c'est méconnaître notre époque. L'excommunication est un pouvoir que chaque individu possède; c'est le seul moyen qu'il a de conserver son intégrité. Nous reconnaissons un gentilhomme à ce qu'il ne veut avoir de commerce avec aucune personne déshonorée. Le pouvoir d'excommunier est la sauvegarde de la morale publique aussi bien que de la morale privée.

« L'Eglise de Rome n'appartient à aucun Etat. Les décisions qu'elle prend ne concernent pas l'Etat particulier qu'elle gouverne; car, elle-même ne fait pas de guerre injuste, elle ne fait aucune guerre; elle n'a jamais usé de son pouvoir pour étendre ses limites, même lorsqu'elle était la plus grande puissance de l'Europe, et elle n'a été engagée dans aucune de ces négociations diplomatiques qui sont aujourd'hui dirigées contre l'indépendance, non-seulement des petits Etats, mais même des plus grands. Son action est donc extérieure, non intérieure en ce qui regarde les Etats; c'est ainsi qu'elle les atteint tous, et tous également ».

L'ancien droit public de l'Europe chrétienne, si hautement affirmé par ces témoignages, a été étrangement défiguré par les institutions révolutionnaires de l'époque contemporaine : elles ont fait ranger Dieu devant l'homme, et le droit devant la force.

Cherchez s'il est au monde un pouvoir qui n'ait pas encore renié l'Eglise, mais aussi, trouvez un peuple occupé d'autre chose que de fondre des canons et de blinder ses forteresses. Partout les rois ont supplanté le Sacerdoce, et partout les peuples sont sous les armes. D'un bout à l'autre de l'Europe, la guerre ou les luttes civiles sont à l'état d'un mal endémique.

C'est d'abord l'Italie, la grande rebelle et la spoliatrice de l'Eglise, rongée sans trêve par la Révolution dont elle est devenue le foyer, et préparant ses arsenaux et sa flotte en prévision de l'heure prochaine des justices de la France. C'est l'Autriche, infidèle au concordat et portant la faute des lois confessionnelles, aux prises avec la démagogie que soudoie la politique prussienne, et contrainte de refaire son armée et de forcer la mesure de l'impôt du sang, au lendemain même de ses défaites. C'est la France, complice, par la félonie de l'Empire, des crimes de l'Italie, régie par une législation qui nie Dieu, enlacée dans le réseau des sectaires maçonniques, foulée par l'Allemagne, encore saignante et déjà caressant l'espoir d'une revanche nécessaire et prochaine. Ailleurs, chez les nations en rupture ouverte avec le catholicisme, c'est l'Angleterre protestante qui accroît sa marine et ses régiments, et sent enfin dans son île les premiers frémissements de la Révolution dont elle s'est faite le constant refuge. C'est la Prusse luthérienne, autre asile des sociétés maçonniques, insatiable de conquêtes, et servie dans son ambition par un million de baïonnettes. C'est enfin la Russie schismatique, géant dressé à l'Orient de l'Europe, qui d'un bras promène ses aigles au travers de l'Asie, de l'Oural au Japon, franchit la mer de Behring, entame l'Amérique et donne la main aux Etats-Unis; et de l'autre pousse la Prusse sur l'Occident, écrase la Pologne, ébranle Constantinople, et dirige un doigt menaçant vers nos rivages de l'Atlantique.

Voilà le tableau politique des Etats européens, gouvernés par des pouvoirs rebelles à l'Eglise ou destructeurs du Sacerdoce : partout la guerre ou la Révolution sur les ruines du droit chrétien et de toute législation religieuse.

En vain les peuples, au lendemain de chaque crise, s'efforcent de reconstruire l'équilibre rompu; en vain les philanthropes, à la faveur de quelques instants de tranquillité factice ramenés par l'épuisement de la lutte, font appel au génie de la science, aux puissances de l'activité commerciale et industrielle, s'assemblent en congrès et organisent des ligues pour fermer la bouche au canon et faire évanouir les armées permanentes : la foudre implacable déjoue tous les calculs, fait mentir la philanthropie, dissout les congrès, disperse les ligues : les tempêtes se succèdent avec une rapidité croissante, les entr'actes du drame se présentent de plus en plus courts, et l'azur du ciel de plus en plus rare; et devant les effondrements de tous les jours et les oscillations qui ne s'arrêtent plus, on interroge l'horizon dans une morne angoisse, désespérant d'y revoir jamais l'éclat du soleil.

Les congrès, les ligues, la science et la civilisation ont entrepris de reléguer l'Eglise au rang des institutions caduques et vieillies dont le monde émancipé ne se souciait plus, et nous ont apporté les principes d'un prétendu droit nouveau en faveur duquel la France, osons l'avouer, s'est rendue coupable d'une triste mission d'apostolat.

Formées à l'école de l'ancien droit chrétien, les nations acceptaient, pour la force, le devoir de respecter, de défendre, et au besoin de venger la justice ; à l'école du droit nouveau, l'intérêt devient la règle et l'égoïsme fait la loi, règle et loi d'un principe qui préconise la lâche impassibilité de la prudence humaine devant les iniquités de la force et qu'en langage moderne on appelle *non-intervention.*

Le droit chrétien ignorait l'art d'abriter les triomphes de la violence sous l'immoralité du *fait accompli :* au droit nouveau d'inaugurer cette infâme doctrine qui subordonne la justification du mal à son accomplissement et glorifie le coupable par la légitimation du succès.

Enfin le droit chrétien défendait aux souverains vainqueurs la violation des droits et des constitutions des nations conquises, proclamait le droit d'existence politique pour les petits peuples comme pour les grands Etats, enjoignant à ceux-ci non-seulement le respect, mais la protection de l'indépendance des petites républiques. Déchirant ces traditions, le droit moderne proclame le principe absolu des *nationalités ;* c'est-à-dire le droit absolu pour les grands Etats d'absorber leurs petits voisins, au nom d'une prétendue communauté de race et de langage, le droit par conséquent d'étouffer dans leur germe les confédérations des petits peuples, si merveilleusement aptes à combattre le despotisme des empires; et guidé par la science qui ne distingue plus en Europe que trois langues types auxquelles viennent se rattacher tous les idiômes connus, ce même droit réduit logiquement le vieux monde à trois grandes divisions politiques, où l'entretien, le développement et la manœuvre des gros bataillons deviennent la préoccupation exclusive des gouvernements perpétuellement sur le pied de guerre, jusqu'au jour où l'un deux, plus habile ou plus fort que ses compétiteurs, se montre tout à coup prépondérant par l'issue d'une seule grande bataille, écrase à jamais ses rivaux, conquiert les autres peuples et réalise enfin le rêve suprême de l'athéisme révolutionnaire, le rêve des sectes maçonniques présentement confédérées sous le drapeau de l'Internationale, l'universel empire de la force sur les ruines du Sacerdoce ou de la justice universelle, le règne universel de l'homme sur le domaine universel de Dieu.

Voilà l'abîme où nous marchons, au milieu de ténèbres chaque jour plus épaisses, à la lueur menteuse des trois flambeaux du droit moderne, les principes dits *des nationalités*, *au fait accompli* et *de non-intervention*. Nous confessions tout à l'heure la complicité malheureuse de la France dans la propagation de ces doctrines dissolvantes : hélas! ce n'est point assez de nous dire complices ; à nous la honte de leur criminelle paternité ; c'est l'Empire qui les a créées pour le profit de sa politique antifrançaise. N'espérons pas nous disculper en rejetant l'odieux du crime sur le pouvoir qui nous a régis : si opprimé que devienne un peuple, si durement que ses tyrans le gouvernent, il n'est pas une mesure publique émanée de l'autorité, dont la nation ne soit solidaire, pas une politique exécutable sans l'assentiment au moins tacite de la majorité des citoyens. « Les souverains, dit M. de Maistre, ne commandent efficacement et d'une manière durable que dans le cercle des choses avouées par l'opinion, et ce cercle, ce n'est pas eux qui le tracent ».

A nous donc la triste palme des victoires impies du droit moderne ; mais à nous de recueillir leurs fruits et d'en dévorer l'amertume. C'est pour l'unité de l'Italie que l'Empire élabora les trois poisons que nous venons de décrire; c'est par la doctrine de non-intervention qu'il écartait la justice européenne des frontières du Piémont spoliateur; par le principe des nationalités qu'il légitimait les violences de la politique subalpine, et par la prescription du fait accompli qu'il fermait la bouche à l'opinion publique, un instant révoltée du guet-apens de Castelfidardo et des trahisons d'Ancône. C'est au nom des mêmes principes qu'il abandonnait l'Autriche à la sauvage rapacité de la Prusse, l'Autriche qui cependant tendait vers nous ses mains suppliantes, et qui sous nos yeux tombait à Sadowa, en face de nos canons muets et de nos baïonnettes immobiles ! Et au lendemain de ce désastre, quand l'Allemagne, à moitié conquise, agonisait sous la main du vainqueur et tournait encore un regard d'espoir vers la France, l'Empire lui jeta brutalement ses doctrines du droit nouveau résumées dans cette circulaire Lavalette, dont le souvenir fait bondir le cœur d'une patriotique colère, œuvre mémorable d'ineptie, monument inqualifiable de lâche complicité et de dégradation nationale.

Aussi quel peuple est venu, dans cette douloureuse campagne de France, nous prêter l'ombre d'un secours ou d'une vraie sympathie ? Soit terreur égoïste, soit jalousie satisfaite, pas un Etat n'a remué pour nous défendre, pas une voix étrangère n'a protesté contre le vandalisme de la Prusse ; pas une, si ce n'est celle d'un roi victime de l'hypocrisie impériale et auquel nous marchandons à cette heure le secours moral d'une intervention diplomatique, la voix du Pape, du magnanime Pie IX !

C'est avec notre or, notre sang, et au détriment de notre honneur que nous avons fait l'Italie, et c'est par le parjure et l'insulte qu'aujourd'hui cette ingrate nation nous paie sa dette. C'est encore avec l'or et le sang de nos pères que les Etats-Unis conquirent jadis leur indépendance, et à notre appel réitéré ce gouvernement mercantile répondait par de lâches caresses au despote moscovite, et par les félicitations du message présidentiel offrant à la Prusse victorieuse le servile encens de la peur.

Ils sont tous agenouillés devant la force depuis que le droit gémit captif dans la prison vaticane, tous couchés devant le trône du César tudesque, à l'exemple de Mazzini, l'un des pontifes de la Révolution, « s'extasiant sur les gloires de l'Allemagne et des hommes qui dirigent ses destinées, et proclamant la France déchue pour longtemps de la direction du sort de l'Europe (1) ».

Payons-nous assez cher aujourd'hui l'iniquité des principes inaugurés par la politique impériale, et comprenons-nous enfin la justice des arrêts d'en haut retournant contre la France le trait dont elle a frappé l'antique constitution de l'Europe chrétienne ? C'est au nom des principes modernes éclos sous l'empire que nous avons consacré notre politique extérieure, et c'est au nom des mêmes principes que les nations désunies assistent froidement impassibles à la ruine de notre patrie.

Tels sont donc les traits assombris de la présente physionomie du monde moderne.

Rupture universelle des liens internationaux, politique échafaudée sur l'égoïsme des peuples ou l'ambition des souverains; ambition de plus en plus radicale des petites nationalités; écrasement ou absorption des peuples faibles par les conquêtes de la force et du nombre; armements toujours croissants; appel aux armes des citoyens valides dans la plupart des Etats; révolutions intestines ou guerres internationales : tel est le bilan des sociétés modernes proclamées libres par les doctrines du droit nouveau, soustraites à la souveraineté pontificale par le centralisme révolutionnaire.

Ajoutons-y pour la France l'usurpation des prérogatives sacerdotales que les pouvoirs politiques ont voulu revêtir vis-à-vis de la nation. La France restée catholique n'a point échappé à la fièvre du centralisme religieux qui dévorait

(1) Lettre citée par l'*Indépendance belge* du 18 février 1871.

l'Europe ; et tandis qu'on voyait une reine papesse en Angleterre, un empereur pope en Russie, et un monarque grand prêtre du Luthéranisme en Allemagne, elle avait dès Luther, Calvin et autres hérésiarques de la Renaissance, ses révoltes contre l'Eglise. La tradition des rébellions, d'autres disent des *libertés* gallicanes, vient à peine d'expirer sous les foudres du dernier Concile : elles comptent pour une large part dans les causes des rapines et des persécutions religieuses de 93; elles nous ont valu les luttes du premier Empire contre l'Eglise, l'annexe impie et déloyale des articles organiques au Concordat, l'immixtion arbitraire du bras séculier dans les affaires ecclésiastiques par le ministère des cultes, l'absolutisme du pouvoir dans le choix des évêques, la subordination des règlements liturgiques à la loi civile, l'assimilation du clergé par l'Etat au corps des fonctionnaires publics, et enfin toute une législation politique athée, prétendant se substituer à la législation religieuse dans les questions les plus graves de la conscience, et spécialement dans trois solennités de la vie spirituelle de l'humanité : la naissance, le mariage et la mort.

Quant au régime intérieur, il est facile de voir que l'usurpation par les pouvoirs politiques de la souveraineté religieuse est l'obstacle le plus insurmontable au retour des libertés individuelles, domestiques, municipales et provinciales.

Telle a été l'œuvre despotique et antichrétienne de la centralisation dans le domaine de la conscience ou le domaine religieux.

Telle est la France désorganisée en face de l'universelle société des nations. Elle succombe à une œuvre immense de négation religieuse accomplie dans l'âme sociale par l'enseignement, la presse et les associations, à la faveur d'un attentat liberticide ; d'où la tyrannie d'un centralisme destructeur de la famille et de l'Etat, et dans l'ordre international de l'Eglise ou de la société universelle.

V

CONDITIONS DE LA RÉGÉNÉRATION

Dire les erreurs et les fautes de la France, c'est diré à quelles conditions elle peut renaître, quels remèdes devront la sauver.

Le salut nous viendra de la liberté.

La liberté c'est la vie, la vie c'est l'être, l'être c'est Dieu ; hors de Dieu c'est le néant, la mort, l'esclavage. Renaître à la liberté c'est donc renaître à Dieu, c'est renaître au christianisme. Affranchir la France c'est donc la christianiser ; c'est refaire ses générations par l'enseignement chrétien de l'enfance et de la jeunesse ; c'est assainir et moraliser l'opinion par les canaux d'une presse honnête diffusant les vrais principes sociaux sur les bases des doctrines religieuses ; c'est encore cimenter la liberté nationale par les fraternels liens des associations chrétiennes, les seules digues efficaces contre le torrent de la maçonnerie révolutionnaire.

Par la liberté chrétienne, l'enseignement restituera au sol domestique la séve immortalisante des âmes, que celles-ci réclament au printemps surtout de leur formation ; la presse étendra par le monde l'atmosphère des âmes christianisées et le rayonnement de leurs vertus civilisatrices ; et l'esprit d'association, étendant les liens de la foi, non plus seulement aux citoyens d'une même patrie, mais aux nations des deux hémisphères, refoulera les sectes maçonniques sous l'élan des corporations chrétiennes, et le cosmopolitisme de la Révolution devant le cosmopolitisme de la Croix.

Christianiser la France, c'est encore la décentraliser.

La centralisation est, avons-nous dit, l'annihilation dans l'Etat des pouvoirs intermédiaires et secondaires. C'est en principe la négation des causes secondes, c'est-à-dire la mutilation ou la destruction de l'idée divine dans le plan social. Etre chrétien c'est, pour le corps social, coopérer à l'œuvre divine, et aider en lui, par la vertu de sa liberté, la reproduction de plus en plus fidèle du plan du Créateur ; c'est affirmer l'existence et la mission des causes secondes niées et détruites par l'esprit irréligieux, et proclamer la nécessité des pouvoirs intermédiaires. Redevenir chrétienne, c'est donc pour la société restaurer la famille, le municipe et la province dans leur condition à la fois indépendante et subordonnée, indépendante dans la sphère domestique, municipale et provinciale qui leur est propre, et subordonnée dans la sphère politique au pouvoir national ; c'est aussi rétablir le pouvoir national dans son rôle à la fois souverain et dépendant, souverain dans le domaine purement politique, mais soumis à l'Eglise dans l'association universelle dont il est membre. C'est en un mot retracer, dans le corps social, l'idée divine réfléchie dans le monde créé, où l'homme demeure tout à la fois maître et sujet, maître dans le domaine naturel de la matière dont Dieu l'a fait roi, et sujet dans le gouvernement général du monde où tout pouvoir s'incline devant la souveraineté de la Providence.

C'est par le christianisme que la famille se conserve, que les mariages deviennent féconds, que la femme garde sa dignité et son autorité, que les enfants apprennent à vénérer dans leurs parents le reflet de la paternité divine, et les parents à aimer dans leurs enfants les véritables enfants de Dieu. C'est par lui que s'affermissent les Etats, que l'obéissance aux lois, aux magistrats, au pouvoir, devient l'honneur des peuples qui, dans l'autorité sociale, respectent l'autorité de Dieu, et que les magistrats et les princes apprennent à veiller sur les peuples comme sur un dépôt divin dont ils doivent compte au Créateur.

On ne saurait nier l'urgence des réformes chrétiennes que nous réclamons, et du raffermissement de la stabilité nationale par le retour aux libertés individuelles, domestiques, civiles et religieuses. Si la tâche paraît ardue et l'application des règles exposées difficile, leur principe toutefois ne saurait fléchir. Ce n'est point l'heure des compromis quand l'erreur a pris possession des intelligences, quand les notions du vrai, du bien, du juste sont universellement altérées, et que les sophismes s'accumulent dans l'opinion pour la justification de tous les forfaits. En fait, soyez prudents, ménagez, temporisez, nous le voulons bien, évitez quelquefois un mal certain pour un inconvénient moindre; et ne donnez au malade que la dose du remède que son tempérament comporte; mais au moins ne restaurez pas à l'aventure, sans savoir où vous marchez, sans voir clairement le terme de vos efforts. Sachez ce que veut l'âme humaine, qui l'a faite, et où elle va ; sachez qu'elle est de Dieu, en marche vers Dieu, affamée de Dieu, et qu'il vous faut autre chose pour rassasier cette faim que le *Panem et Circenses* des esclaves de César, si vous ne voulez disparaître comme ces Romains du Bas-Empire.

Est-il besoin de recourir au témoignage même des païens, pour établir la nécessité de la religion comme fondement de toute bonne constitution politique?

Voici d'abord le langage de Platon, l'un des grands philosophes de l'antiquité, homme d'Etat, sans contredit, dont nos gouvernants devraient méditer les leçons.

« Avant tout, écrit-il, nous devons d'abord invoquer Dieu, c'est par là que nous pouvons constituer sur un fondement solide notre cité... car ce n'est que lui qui peut nous apprendre les lois que nous devons établir pour l'ornement de notre Etat».

« Dans toute république bien constituée, a-t-il dit encore, il faut avant tout avoir soin de la *vraie religion :* une république heureuse n'est ordinairement que celle dont les magistrats sont instruits dès leur enfance dans la connaissance du *vrai Dieu* et du *vrai bien*, parce que l'ignorance du vrai Dieu et du vrai bien est dans toute république la source et l'origine d'innombrables malheurs publics et privés, et des plus funestes conseils. Le prince (*princeps*) doit donc rappeler souvent à ses subordonnés qu'en dehors de la vertu, de la justice et de la vraie piété envers Dieu, rien n'est utile ni agréable dans les choses humaines. La vraie religion est la base de la république, et par conséquent toute impiété doit être sévèrement punie....

« La foi est le fondement de la société humaine, la perfidie en est la peste ».

Un autre païen, Cicéron, a écrit :

« Inférieurs aux Espagnols par le nombre, aux Gaulois par la force, aux Carthaginois par l'astuce, aux Grecs par les arts, nous avons surpassé toutes les nations et tous les peuples par la piété, par la religion et cette sagesse qui nous a convaincus de l'intervention de la puissance divine dans la marche et le gouvernement du monde ».

Ce sentiment des païens sur le rôle social de la religion et de la morale, s'étendait même au domaine des lettres. Ainsi à Athènes, à Rome et à Sparte, les mauvais livres étaient condamnés et exclus ; à Athènes, les livres athées de Protagore étaient brûlés en place publique par la main du bourreau ; à Sparte, les écrits immoraux d'Archiloque étaient frappés de bannissement. A Rome, au témoignage de Tite-Live, le sénat vouait aux flammes des livres renfermant des attaques contre la religion, et un philosophe sceptique, Carnéade, était chassé de la ville à la demande de Caton.

Enfin Platon, déjà cité, prétendait écarter de sa république tout livre impie, immoral ou irréligieux.

Si l'esprit religieux des doctrines politiques des gouvernements païens s'affirmait avec une pareille énergie, comment comprendre l'athéisme de notre législation, inerte devant une presse hostile à la religion, aux mœurs et par conséquent à l'ordre public ? Rappelons-nous que le principe d'égalité protectrice de toutes les religions, de la vérité comme de l'erreur, des bons comme des mauvais écrits, a particulièrement grandi depuis un demi-siècle, et, qu'à dater de cette époque, les révolutions et les chutes des trônes s'échelonnent en France avec la fréquence et la ponctualité d'une loi presque mathématique. Napoléon Ier, malgré sa conduite sacrilége envers le pouvoir religieux, ne permit point, son règne durant, de réimprimer les blasphèmes de l'école philosophique : « Je ne me crois pas assez fort, disait-il, pour gouverner un peuple qui lit Rousseau et Voltaire ». Or, tandis qu'au XVIIe siècle on ne comptait en tout que quatre éditions de cette infernale littérature, au XIXe, en six années, on en vit apparaître quatorze. Dix ans plus tard la couronne royale tombait à terre et le monarque détrôné fuyait vers l'exil.

« Plus un peuple est constitué, a dit M. de Bonald, plus il fait de ses lois politiques des lois religieuses, et de ses lois religieuses des lois politiques ; non pas en civilisant la religion, mais en consacrant la politique. Ceux qui veulent sans cesse séparer l'une de l'autre, n'ont jamais compris l'homme ni la société : ils peuvent être des savants ou de beaux esprits, mais ils ne sont pas des philosophes ».

Les ruines encore fumantes qui nous entourent devraient pourtant nous montrer les abîmes cachés derrière ces théories prétendues libérales, qui, sous l'empire de la déchéance originelle, feront toujours pencher la balance du côté du désordre, fût-elle aux mains d'un pouvoir loyalement appliqué à la tenir en équilibre. Nos yeux devraient s'ouvrir devant cette palinodie toujours renaissante de ministres élevés au lendemain d'une révolution, reniant contre l'anarchie les doctrines qu'ils exploitaient la veille contre le pouvoir dont ils ont pris la place.

Nous ne demandons pas qu'on proscrive toute religion fausse, et que l'on n'autorise l'erreur à se produire sous aucune forme. La prudence peut demander que l'on tolère un faux culte, et la sagesse permettre aux idées d'entrer en lutte pour le triomphe de la vérité et le profit des intelligences livrées de bonne foi à l'erreur ; mais couvrir d'une égale protection tous les cultes et toutes les religions, la religion et le culte qui honore Dieu et la religion et le culte qui l'outrage ; protéger, favoriser des mêmes encouragements toutes les opinions et tous les livres, la plume qui défend l'honneur de Dieu et celle qui le vilipende et qui le blasphème ; édicter des lois par exemple qui désarment la magistrature devant l'œuvre d'un lévite apostat qui, publiquement, se fait empoisonneur de l'âme nationale, cela est-il compréhensible, et trouverait-on trace d'un pareil égarement dans la législation même des peuples sauvages?

Blâme-t-on les souverains d'abriter leur dynastie dans le sanctuaire des lois, et doit-on leur interdire d'y protéger également la vraie religion, le vrai culte et la morale publique? Peut-on concevoir un Etat chrétien moins soucieux de la religion qu'une république païenne, et un gouvernement plus soigneux de sa réputation que jaloux de l'honneur de Dieu?

Dieu lui-même, dans l'Ecriture sainte, nous a révélé ce qu'il attend des pouvoirs publics : *Dissipat impios rex sapiens*, est-il écrit. *Le roi sage extermine l'impiété.* — *Per me reges regnant*, est-il dit encore, *et legum conditores justa decernunt. C'est par moi que règnent les rois et que les législateurs décrètent la justice.* Et l'Ecriture nous donne un enseignement à la fois éclatant et redoutable dans le supplice des rois d'Israël misérablement frappés par la justice divine pour ne pas avoir renversé les autels des faux dieux élevés par leurs prédécesseurs.

Proclamer l'athéisme des lois et parler aux peuples de justice et de morale, c'est donc mentir à la nation et se railler de son intelligence. Qu'est-ce que la justice hors de Dieu et la morale hors de la religion? L'homme qui a vomi ce blasphème : *Dieu c'est le mal!* devait logiquement ajouter : *la propriété c'est le vol... la piété, le bonheur, la vertu... la patrie, la religion et l'amour sont des masques.* Oui, Proudhon est le type accompli qui devait fatalement éclore sous l'incubation de l'athéisme politique, et ses frères puînés des sectes maçonniques, les Solidaires, la Commune et l'Internationale, devaient être enfantés à la vie sous les ailes de notre législation déicide.

Et en quel nom viendrez-vous donc prêcher la probité, la morale et la justice, le respect des lois, de l'autorité et de la propriété d'autrui à la classe du pauvre, à l'âme déshéritée d'où vos doctrines ont arraché la foi? Il n'attend plus les joies de l'autre vie, les gloires éternelles d'en haut pour prix de ses humiliations, les ivresses de l'amour de Dieu en échange des rogues mépris d'un monde égoïste ; il ne voit plus que ses haillons, son galetas nu, ses enfants parfois sans pain devant des ruisseaux d'or s'engouffrant tous les jours dans les palais du luxe ou les saturnales de la débauche, et au terme d'une pareille vie, le vide, le néant, le rien ! Et vous venez lui parler de justice, de morale, de probité et de vertu ! mais il sait bien que vous mentez, que votre morale n'est qu'une invention du riche, une serrure de sûreté mise à sa caisse, et que dans sa légitime colère il tentera, lui déshérité, de forcer quelque jour.

Comme sanction à vos lois vous avez la force, la prison, le bagne ou l'échafaud : et que lui importe ? la prison et le bagne c'est le pain et l'abri, et la mort c'est le sommeil.

Mais la force, raison suprême de votre justice, ne peut-il donc vous la ravir à son tour ? Oui, arrive une heure fatale où on lui donne à choisir entre la mort lente de la misère et les combats de la rue, sanglants mais courts, dont l'issue, quelle qu'elle soit, finira ses douleurs, qu'elle vienne de la balle d'un chassepot ou du pétrole qui lui donne l'empire ; et si vous pouvez douter de son choix, interrogez Paris et ses ruines.

Non, vous ne referez pas la société avec l'athéisme permanent des lois étayé sur vos baïonnettes. Vous ne détruirez ni Solidaires ni Internationale, ni sectes maçonniques d'aucun drapeau, d'aucun rite ; vous tuerez les hommes, non pas les idées : les idées ne sauraient mourir non plus que l'âme humaine, leur immortel foyer ; les idées défient la force, elles ne fléchissent que devant Dieu !

Donc, pour régénérer la France, il vous faut les eaux vives du christianisme ; pour la faire vraiment grande et libre, il vous faut la religion et la foi.

Etudiée dans son essence, l'âme humaine révèle deux besoins mystérieux, deux aspirations innées, indestructibles, fondées sur la nature même de sa double vie, la vie de l'intelligence et la vie du cœur : c'est le besoin impérieux de *raisonner*, comme le besoin non moins impérieux de *croire* : d'où découle le besoin inné de la *liberté*, comme le besoin inné de *l'obéissance*. Raisonner en liberté, c'est le fait de l'intelligence ; croire, aimer et par conséquent obéir, c'est le fait de l'amour ou du cœur.

De là sans doute deux grands écueils : raisonner librement, sans frein, sans contrôle et sans guide, et par conséquent repousser toute croyance, c'est *l'incrédulité ;* ou croire aveuglément contre la raison, toute doctrine, toute chimère, toute absurdité, c'est la *superstition.* Corrélativement à ces deux abîmes, surgissent dans l'homme social deux périls également redoutables : raisonner de tout, rejeter tout contrôle, toute autorité même légitime, d'où la *révolte ;* ou subir sans examen tout pouvoir, toute coercition même inique, d'où *l'esclavage.*

Tel est le problème de l'humanité, le problème social qui s'impose au monde, et devant lequel savants, philosophes, économistes et hommes d'Etat se sont épuisés depuis trois siècles pour aboutir à un nouveau Babel.

Tous les peuples de l'antiquité, en dehors de la religion du vrai Dieu, se sont déchirés tour à tour à ces écueils, sans jamais découvrir une route sûre au milieu d'eux. L'histoire nous montre les nations païennes victimes à la fois des superstitions de la barbarie et de l'orgueil sceptique des philosophes, comme de l'oppression tyrannique des pouvoirs et d'un fréquent esprit de révolte. Elle nous fait voir, au contraire, le peuple de Dieu, dépositaire de sa révélation, heureux, libre et paternellement gouverné tant qu'il la garde, mais asservi, tyrannisé, retombant dans l'idolâtrie dès qu'il l'abandonne.

Ce fait renferme une grande leçon. Dieu nous montre qu'étant seul créateur de l'âme et la seule cause de ses aspirations, lui seul a le pouvoir de les satisfaire. Seul il peut ouvrir à la raison humaine le libre champ de vérités naturelles, prévenir les écarts de l'intelligence et de la liberté par l'infaillible autorité de sa parole, et réjouir en même temps l'obéissance et la foi par l'imposante harmonie de ses mystères.

Or, comme il n'y a qu'un Dieu et hors de lui qu'une

nature humaine, il ne peut exister au monde qu'une seule révélation, c'est-à-dire une seule religion, une seule foi, un seul symbole.

Cette révélation, présent de Dieu fait à l'homme à l'origine des temps, altérée et dénaturée par le paganisme et la corruption des peuples, conservée néanmoins par la synagogue, restaurée et complétée pour la régénération de l'humanité entière, par une nouvelle intervention du Créateur; ce Code divin, offert à l'homme pour l'universalité des générations comme pour l'universalité des siècles, c'est le *Catholicisme*.

Le Catholicisme, c'est-à-dire la religion ou la révélation universelle, est l'épanouissement complet des révélations divines accordées au monde : c'est une floraison terrestre des lumières de Dieu, nourrissant la foi, les croyances et le cœur de l'humanité soumise par l'infaillible autorité de ses dogmes et la sublimité de sa morale; mais rassasiant aussi la liberté et la fierté de l'intelligence par la logique et l'harmonie des vérités semées devant son regard.

La France, rompant avec l'esprit catholique, ne pouvait éviter ni les périls de l'incrédulité et de la révolte, ni les hontes de la superstition et du servilisme. Aussi l'homme intellectuel, déférant toute vérité au tribunal exclusif de sa chétive raison, ballotté de doute en doute et de négation en négation, rejetait enfin Dieu comme Créateur, après l'avoir longtemps nié comme Providence. Il refusait aux doctrines chrétiennes l'hommage de son obéissance et de sa foi, et prostituait son intelligence devant les impostures de la philosophie, de la science et de la presse. Rebelle aux mystères civilisateurs du catholicisme, il courait aux pétrifications intellectuelles du Socialisme et du Panthéisme, pour finir à Bicêtre ou tomber dans la Commune; il détrônait enfin de ses autels le Dieu fait homme pour y asseoir des histrions faits dieux, depuis Voltaire jusqu'à Renan, Taine ou About; depuis Buloz jusqu'à Rochefort, depuis Hugo jusqu'à Garibaldi.

L'incrédulité de l'homme intellectuel s'est traduite dans l'homme social par un esprit de révolte universelle dont nous avons indiqué le plan, les ressources, les moyens et le but. Son fétichisme et sa superstition idolâtre y ont opéré l'effacement de toute dignité humaine devant la matière, le vice et la corruption déifiés, et le centralisme césarien des pouvoirs publics. « Le sentiment de la liberté, écrit M. L. Veuillot, s'il a paru s'étendre, a singulièrement perdu de sa force, toute discipline est plus haïe, toute violence est plus docilement supportée : l'histoire nous montre, en toutes ses pages, les peuples à la fois plus fidèles et plus fiers qu'en ce temps. Ils aimaient quelque chose qu'on ne leur ôtait qu'avec la vie ; ils haïssaient quelque chose qu'ils repoussaient tant qu'ils avaient la vie. Maintenant ils n'aiment rien et ils haïssent tout, mais d'une haine molle et lâche, prompte à céder, constante à trahir, d'où résulte la facilité de les dominer et l'impossibilité de les gouverner ».

Si ce double fléau qui ronge les nations s'est attaqué plus rudement à la France, c'est parce que l'arbre de la croix y avait jeté des racines plus profondes et plus étendues qu'en tout autre pays du globe, et que la Révolution, pour l'extirper, a dû fouiller jusqu'à son cœur et déchirer toutes ses traditions.

Notre génération chrétienne remonte à quatorze siècles, alors que les fondements de la puissance païenne, détrempés dans le sang des martyrs, venaient de crouler sous le choc des barbares, et que le soleil catholique se levait sur ce nouveau chaos prêt à enfanter de nouveaux peuples. Suscité à Tolbiac et baptisé à Reims, le peuple franc fut choisi le premier. Dieu l'avait prédestiné pour l'Eglise, et c'est de lui qu'elle avait pu dire, empruntant à la Bible son prophétique langage : *Primogenitus meus, tu fortitudo mea :* je te fais le[r] pemier de ma race, le principe et le chef de ma puissance et de mon nom.

Si l'Ancien Testament n'est à chacune de ses pages qu'une prédiction ininterrompue des merveilles et des grâces de la nouvelle loi, de la vocation des gentils et du rôle auquel Dieu les a conviés dans l'Eglise, est-ce donc présomption de prétendre découvrir, dans les paroles prophétiques des patriarches de la Bible, l'histoire prévue des événements de la troisième période de l'humanité sociale, de voir dans la primogéniture des familles d'Israël le symbole de la primogéniture catholique de la France, et dans les attributs sacrés dévolus à l'aîné des enfants d'un même père, la figure des gloires promises à l'aîné des peuples d'un même Dieu ? *Ruben, primogenitus meus*, avait dit Jacob à l'aîné de sa famille, *tu fortitudo mea*; et, voulant commenter la grandeur et les priviléges d'une pareille distinction, le patriarche ajoutait : *prior in donis, major in imperio : à toi la priorité dans mes dons, à toi la primauté par la puissance et le commandement.* Et Isaac, père de Jacob, en conférant à ce fils la bénédiction de premier-né, lui avait dit : *Que Dieu t'enrichisse de la rosée du ciel et de la graisse de la terre, qu'il te donne abondance de froment et de vin ; que les peuples te servent et que les tribus t'adorent ; deviens le Seigneur de tes frères, et que les fils de ta mère se tiennent courbés devant toi ; que celui qui t'injuriera soit maudit, et que celui qui te bénira soit inondé de bénédictions.*

Telles étaient les richesses et les prérogatives que Dieu promettait à la France en l'appelant à la primogéniture catholique. La parole divine n'a point été vaine et ses promesses ont été remplies avec une largesse sans exemple dans les annales des autres peuples. C'est dans le giron de l'Eglise qu'est née la France, qu'elle a grandi sous les caresses de Jésus-Christ, qu'elle a développé les beautés de son mâle visage et la majesté de sa fière stature. C'est par la croix qu'elle fut exaltée, entre ses bras qu'elle a resplendi sur le monde. Cherchez un peuple qui offre à la légende ce que la France présente à l'histoire, une telle race de héros éclose au soleil de la foi, une telle milice de rois pour rempart de l'Eglise, des monuments plus authentiques de son alliance avec le ciel. Cherchez autre part des Bayard et des Duguesclin, des Charlemagne et des saint Louis, des Geneviève, des Radegonde, des Blanche de Castille et des Jeanne d'Arc.

Parcourez le nouveau comme l'ancien monde, allez vers les îles lointaines, vers les peuplades à peine connues : nulle part n'apparaît la croix qu'elle n'émerge d'une moisson de lauriers conquis par l'épée de nos croisés, les sueurs de nos missionnaires, le sang de nos martyrs. Que de ruines relevées, que de servitudes brisées par des milliers d'apôtres français ! Que de victoires pour l'Eglise, victoires aussi pour la France vénérée, chez tant de nations jadis idolâtres, comme protectrice de la vraie liberté ! Catholicisme, France et Liberté : trois mots, trois noms inséparables dans l'âme reconnaissante de ces peuples néophytes que la Révolution n'a pas encore touchés et qui recueillent à l'ombre de la croix les fruits de l'arbre civilisateur; inséparables encore chez ces chrétiens des empires restés infidèles, qui continuent héroïquement la série des martyrs et des saints, les yeux invariablement tournés vers la France dont ils implorent le bras libérateur ; inséparables enfin dans le cœur de l'humanité catholique qui, aujourd'hui dans le deuil et les larmes, palpite pourtant d'un immense espoir devant les symptômes de résurrection que notre patrie vient de manifester au monde.

Le catholicisme a donc été la vraie gloire de notre pays ; il est le ciment de cette monarchie, mosaïque incomparable où nos pères ont enchâssé les plus riches provinces de la terre. Et s'il est dans notre histoire une époque de vertigineux triomphes cueillis sous le drapeau de la Révolution par un homme dont l'ambition égalait le génie, n'oublions pas que cet homme commandait encore au vieux sang de la France, et que pour avoir répudié, d'ailleurs, la primogéniture catholique de la nation et levé contre l'Eglise une main parricide et sacrilége, Dieu renversa en quelques heures les colonnes de son vaste empire, et que rien n'est resté debout de ses prodigieuses, mais stériles conquêtes. Et pourtant, sa parole avait un jour rendu un solennel hommage à la vertu du catholicisme, « la seule religion, disait-il, capable de procurer un bonheur véritable à une société bien ordonnée et d'affermir les bases d'un gouvernement (1) ».

Depuis que les pouvoirs chrétiens ne sont plus, que l'esprit

(1) Paroles de Bonaparte, premier Consul, au clergé de Milan, le 5 juin 1800.

de révolution gouverne et que la constitution nationale a répudié le catholicisme, de quels diamants nouveaux la France a-t-elle enrichi sa couronne? Hélas, elle laissait naguère Maximilien, son pupille, tomber sous les balles mexicaines, massacrer ses missionnaires en Chine, et nous pleurons aujourd'hui la perte récente de deux provinces, deux nobles fleurons qu'on lui a ravis!

Oh! que la bonté céleste avait merveilleusement doté notre nation pour une mission d'apostolat catholique! Si, comme l'a dit un de nos modernes orateurs, le génie divin avait jadis taillé la Judée au sein des pics escarpés de la Syrie, comme un vase d'élection aux parois fermées, pour y garder contre l'idolâtrie le liquide précieux de sa révélation; n'a-t-il pas au contraire jeté la France comme un trait-d'union entre les deux hémisphères, abaissant devant elle toutes les barrières et lui ouvrant la route de tous les pays du globe sur trois mers, trois grands canaux par lesquels nos pères devaient porter au monde la civilisation de l'Evangile catholique, et poursuivre l'idolâtrie jusqu'en ses îles les plus lointaines, jusqu'en ses refuges les plus secrets?

Par les splendeurs de la France catholique l'on mesure aisément la chute de la France révolutionnaire et la profondeur des plaies qui la rongent; mais l'on juge non moins aisément du prestige européen que lui rendrait son retour à la foi, et de l'élévation du rang que le catholicisme lui ferait reconquérir.

Que le salut du pays exige une refonte importante dans les bases même de sa constitution, c'est le sentiment à peu près unanime de l'opinion; mais on ne s'accorde guère sur la nécessité d'une restauration catholique. Les moralistes s'effraient des abîmes creusés par l'incrédulité dans les consciences, et voudraient y rappeler Dieu; mais le plus grand nombre s'effraie davantage de la morale austère du catholicisme. Ils s'accommodent volontiers d'un christianisme abstrait et des mutilations religieuses du protestantisme; ils frappent les doctrines catholiques d'un ostracisme aveugle, et opposent sans cesse à l'appui de leur sentiment la prospérité politique des états protestants, et notamment de l'Angleterre, à l'affaissement et à la décadence des peuples catholiques. Il y a dans ce parallèle et dans la conclusion qu'ils en tirent, une légèreté d'examen qui ne fait pas honneur à leur intelligence.

Et d'abord, sans vouloir passer en revue toutes les contradictions de la Réforme protestante, et faire l'histoire de ses variations, pour laquelle nous renvoyons le lecteur à Bossuet, il nous suffit de rappeler ce qui vient d'être dit sur le double besoin de raisonner et de croire universellement inné dans l'homme, et sur le caractère d'unité et de catholicité nécessaire à la religion qui seule peut combler cette aspiration. Or, jamais le protestantisme ne saurait être ni un ni catholique, par la raison que le principe de libre examen est le pivot de toute sa doctrine, et que, s'il n'y a pas au monde deux esprits en constante harmonie de pensées, ni même un homme dont les jugements n'aient jamais varié, il n'y a pas non plus sur terre deux protestants reliés par le même symbole, ni même un sectaire dont les croyances soient restées immuables, sous l'empire de l'âge, des passions, des événements, des impressions en un mot les plus opposées.

C'est dire qu'il n'y a point d'unité possible dans le protestantisme, qui, au lieu de soumettre *la raison à la Bible*, *soumet la Bible à la raison*, point de liens communs ni de temps, ni de lieu, point de loi religieuse et par conséquent de vraie société religieuse, point d'universalité ou de catholicité.

Par le libre examen qui soumet la Bible à la raison, le protestantisme s'élève contre Dieu et divinise la raison humaine ; il rend ainsi témoignage de son origine, car il est de souche révolutionnaire. Il a été la première floraison du paganisme de la Renaissance, et la Révolution dont la haine satanique enveloppe surtout l'Eglise, le range au nombre de ses plus fermes alliés. Comme toute hérésie, le protestantisme est consanguin de la Révolution ; car toute hérésie est négation, et la Révolution, de toutes les négations la plus absolue, est en même temps de toutes les hérésies la plus radicale. Dieu seul ou la vérité est affirmation : être et s'affirmer, c'est donc l'essence du bien, comme nier l'être est l'essence du mal. « Le mal, dit Joseph de Maistre, est le schisme de l'être, il n'est pas vrai ». Le mal nie tout et n'affirme rien. De toutes les religions une seule est affirmation ou vérité, c'est le catholicisme dont les racines plongent jusqu'au premier homme : toute autre dès lors, née postérieurement, niant tout ou partie du catholicisme, n'est qu'un rameau plus ou moins développé du tronc révolutionnaire.

Voilà l'explication de l'acharnement universel exclusivement déchaîné contre la religion catholique. Et s'il en était autrement, s'il était vrai *que toutes les religions se valent*, expliquez pourquoi il n'y en a qu'une dont les révolutionnaires s'irritent, qu'ils persécutent partout avec la même fureur insensée ou la même hypocrisie méchante. Ils n'en veulent ni à l'hérésie protestante, ni au schisme Russe ou Grec, ni au Mahométisme, ni au Bouddhisme, ni à aucune des sectes religieuses qui se partagent le globe ; loin de là : c'est au milieu d'elles qu'ils ont établi leurs corps de réserve, leurs arsenaux et leurs loges ; seul le catholicisme a le privilége de concentrer leurs haines et d'exciter leur délire. Peut-on ne pas être frappé de ces universelles colères, et ne pas y voir le témoignage le plus probant que le monde ait jamais donné de la vérité et de la vitalité de l'Eglise catholique ?

La révolution hait Dieu, ne hait que Dieu et ce qui émane de Dieu; demandez donc la vérité, non point à ses favoris, mais à ses victimes, et cherchez Dieu, non dans les sectes qu'elle tolère ou qu'elle préconise, mais dans la religion qu'elle blasphème. Hors du catholicisme et contre le catholicisme les hommes ne peuvent que s'assembler sous le drapeau de la négation et de la haine; dans le catholicisme seulement, les intelligences et les cœurs sont réunis par les liens de l'affirmation et de l'amour.

Quant à l'Angleterre, puisqu'on la cite à tout propos, dont l'état politique semble au premier abord fournir un argument contre l'Eglise, nous prétendons au contraire l'opposer aux sophismes de la Révolution, et nous faire de sa prospérité une arme nouvelle pour défendre le catholicisme.

Ardentes, enthousiastes, mais frivoles, les nations latines de l'Europe séduites par le prestige que l'imagination prête toujours à l'histoire du passé, avaient, dès la réapparition du paganisme en Occident, accueilli avec passion la littérature et les arts de la Renaissance. Mais en même temps généreuses, chevaleresques, profondément attachées à la foi catholique, elles avaient énergiquement repoussé tout abandon de leurs traditions religieuses, toute apostasie de leur baptême. Néanmoins des lettres et des arts, le paganisme montait insensiblement jusqu'à leur philosophie pour de là s'implanter bientôt dans leurs constitutions politiques et y infiltrer l'esprit de révolte qui caractérisait ailleurs le protestantisme. C'est ainsi que la France, en tant que nation politique, restait catholique de nom mais devenait de fait païenne ou protestante. En Angleterre on vit se produire une révolution tout opposée. L'orgueil anglais, facilement accessible à l'esprit de révolte, s'assimilait le paganisme de la Renaissance du côté le plus propre à flatter l'arrogance du caractère et les instincts rebelles de la conscience, du côté religieux; mais en même temps froid, spéculateur, inaccessible aux aveuglements de l'enthousiasme, il savait refuser à la passion l'inepte sacrifice de ses vrais intérêts matériels et appréciait à ce point de vue toute l'utilité des institutions chrétiennes. Aussi, tandis que l'Angleterre abdiquait publiquement la foi et le culte catholique pour la Réforme protestante, elle savait retenir dans sa charte l'esprit conservateur du catholicisme qui inspirait alors les constitutions politiques de toute la chrétienté. Elle retenait ses vieilles franchises municipales et cette indépendance des pouvoirs secondaires, caractère essentiellement chrétien de la décentralisation dont l'Eglise catholique a été l'inspiratrice et le modèle.

« Parmi les contradictions qui fourmillent dans l'histoire de son apostasie du catholicisme, écrit le P. Ventura, il y a celle-ci : qu'ayant admis la réforme dans l'ordre religieux, elle l'a énergiquement repoussée dans l'ordre politique. En voici la preuve : lorsque emportée par l'esprit révolutionnaire essentiellement inhérent au protestantisme, elle voulut faire de la Révolution, loin de se jeter dans les chances désastreuses d'un avenir inconnu, elle préféra rétrograder vers son passé et ne changer sa dynastie régnante que pour aller s'abriter à l'ombre des anciennes institutions dont le catholicisme l'avait dotée...

« Il n'est pas universellement connu que les Stuarts n'ont point été bannis comme princes catholiques, mais comme princes despotes, héritiers entêtés de l'absolutisme sauvage d'Henri VIII et d'Elisabeth ; car, quant à leur catholicisme, il était bien problématique, tandis que leur administration et leurs mœurs étaient réellement déplorables. On ne chercha donc dans la maison d'Orange qu'une maison vierge de toute tradition d'un despotisme héréditaire, une maison d'un arrangement facile et présentant des garanties suffisantes pour le maintien des libertés nationales et de l'ancienne constitution de l'Etat ».

On peut donc en toute vérité conclure en faveur de la religion catholique et dire que la France, quoique catholique, est tombée désorganisée par les doctrines du protestantisme, et que l'Angleterre, quoique protestante, n'est demeurée debout que par la vertu encore puissante d'un vestige de catholicisme.

Toutefois, ne nous y trompons pas, la logique de la Révolution est impitoyable ; elle est comme un engrenage qui, s'emparant des mains d'un homme, ne le lâche plus qu'il n'ait broyé les bras, le corps et la tête. L'Angleterre y est prise à son tour, et ses efforts désespérés ne la sauveront pas de cette mutilation.

Régénérer la France par la liberté, c'est donc la régénérer par le catholicisme. C'est y rappeler, par conséquent, l'autorité méconnue du vicaire de Jésus-Christ, l'amour et le respect du Siége apostolique.

Pour relier la terre au ciel, nous avons vu la nécessité d'une chaîne formée de trois anneaux distincts, mais inséparables : la famille, l'Etat et l'Eglise ; l'Eglise au sommet de la hiérarchie et revêtue de la souveraineté sociale.

Dieu, en créant l'homme cause seconde, le constitue roi et gouverne par lui. Toute société terrestre et visible est donc nécessairement régie par un pouvoir visible, et l'Eglise comme la famille, comme l'Etat, n'est point affranchie de cette commune loi. Mais l'Eglise, expression de l'universelle société des hommes, est dès lors la pleine réalisation sur terre du plan divin dans l'humanité, et par conséquent le trait d'union le plus vrai des deux mondes primitifs de l'esprit et de la matière. Plus que toute autre société, elle a donc part à la double vie de la terre et du ciel, et son Roi-Pontife, partageant cette double existence, ne saurait appartenir au monde d'ici-bas sans emprunter à Dieu un rayon de sa lumière. Aussi, malgré les infirmités humaines au milieu desquelles il promène ses pas mortels, son visage demeure-t-il radieux, comme ravi par une constante vision de la divinité. Voilà pourquoi les fanges parfois sanglantes de la terre peuvent bien monter jusqu'à son trône, jamais aucun nuage ne voilera l'immuable sérénité de son regard, qui, tombant sur la fange, la fera toujours reculer, fût-elle profonde comme l'Océan !

Telle est la grandeur de cette souveraineté qu'on appelle le Pape, c'est-à-dire le Père, le Roi, le Docteur et le Pontife de l'humanité. Comme toute maison royale, ce pouvoir a son nom de race, non pas un nom fortuit comme celui des dynasties temporelles que la mort ou la Révolution précipite dans l'oubli, mais un nom symbolique ; car il est d'invention divine : on l'appelle Pierre. C'est le rocher qui porte l'œuvre du Dieu-Homme, et que ne sauraient entamer ni hérésie, ni schisme, ni révolution, ni rien de la rouille des siècles.

Il n'est donc pas au monde de royauté plus digne du respect des peuples, de paternité plus jalouse de leur amour. Et pourtant, à cette heure, la tempête sévit contre Pierre ; son trône est noyé sous les vagues et la nuit dérobe à la terre l'éclat de sa majesté.

« C'est un mortel faible et vieux, un roi sans peuple et sans soldats; c'est bien pis, c'est un insulté. Ambassadeur ou représentant de Dieu, si l'on veut; mais si rabaissé que l'on courrait encore plus de risques à insulter un ambassadeur de la France. Permis au premier venu d'aller dans sa ville, de se dresser sur son seuil et de l'insulter à la face du monde. Entre tous les hommes, le plus débile jouet des apostats, des séditieux et des drôles, c'est lui. Sans doute, il n'en est pas qui fasse autant d'honneur à l'humanité, ni qu'elle honore autant; mais il n'en est pas non plus qu'elle laisse autant outrager. Toute voix infâme a le droit de le siffler, toute main vile de le frapper, toute main rapace de le dépouiller. Point de vengeance contre qui veut accabler cette majesté suprême; la lâcheté du genre humain l'abandonne au despotisme du voleur et de l'histrion. Oui, et c'est là Pierre aujourd'hui (1) ».

Certes, nous pouvons gémir, mais ce n'est pas le trépas de l'Eglise que nous pleurons : la tempête d'aujourd'hui passera comme tant d'autres, et la geôle du Vatican ne saurait garder Pierre plus étroitement que la prison Mamertine. Mais nous tremblons pour la France; nous savons que Dieu ne l'a suscitée que pour être le rempart de l'Eglise, et qu'il prépare aujourd'hui la restauration de Pierre par l'épée d'une nation catholique. Aussi nos âmes de Français frémissent-elles à l'idée d'une déchéance : nous nous demandons avec angoisse si la malédiction du Père n'est point sur nous, si Ruben n'est pas condamné à s'effacer devant Joseph.

Honore ton père, si tu veux vivre, telle est la loi du Décalogue, confirmée par l'histoire, et qui, faite pour l'homme ouvrier dont le salaire n'est point du temps, est aussi faite pour les nations qui n'attendent rien de l'éternité.

La France peut-elle se flatter d'avoir toujours gardé le précepte divin? A-t-elle su, elle, l'épée de Pierre, défendre l'honneur du foyer catholique? Hélas, la fille aînée proteste à peine contre les spolations de la fille maudite, et sa main, sa loyale main, s'est oubliée dans la main de la nation parricide.

(1) M. L. Veuill t.

A la voir lacérée, fumante, on pouvait croire venu l'instant suprême des colères de Dieu, le bras levé sur la corruption du vieux monde ; mais devant nos martyrs entrant au ciel couverts de leur pourpre et rayonnants sous leurs palmes, le glaive est tombé soudain des mains émues du Juge, et son cœur nous envoie par Pierre le message de la miséricorde.

Qui n'a vu quelquefois un vent de discorde bouleverser le foyer domestique, en briser les paisibles joies, soulever des enfants contre l'autorité du père, et les bannir ensuite désunis loin de son affection? Avec eux s'en va la force et le prestige de la maison. La misère envahit bientôt le toit solitaire, et le père vieilli, faible, en butte au mépris public et souvent à la haine, chassé enfin de son foyer vide, s'en va, pleurant, proscrit, renié, seul ! Rebuté de tous, insulté, le vieillard dans son désespoir se tourne alors vers ses fils rebelles. Il en est un qu'il connut généreux et aimant, qu'il entoura de ses meilleures caresses, qu'il combla des plus tendres libéralités : c'était le fort, le vaillant des heureux jours, l'honneur de son nom ; c'est le premier-né de sa race ; s'il reste au vieillard un cœur à fléchir, c'est le cœur de cet enfant ; s'il est une prière capable de l'attendrir, quoi de plus éloquent que les larmes d'un père et d'un père malheureux ? Et puis, ce fils coupable, tombé à son tour victime de l'infortune, pleure aujourd'hui ses richesses détruites, son passé terni, sa gloire éclipsée. C'est à lui que va le proscrit, c'est dans cette âme humiliée qu'il s'en va épancher ses douleurs. O puissance mystérieuse et merveilleuse intuition de la tendresse paternelle ! A la vue du vieillard, le coupable se trouble, il tressaille sous l'aiguillon du remords : les larmes du père coulent silencieuses, mais ce muet langage est assez puissant pour briser l'orgueil du rebelle et fléchir son âme altière : il tombe vaincu sous les étreintes de l'amour paternel.

Béni, absous, grandi, voyez cet homme transfiguré. Il retourne au foyer que la haine entoure, que l'ennemi garde nombreux et fort. La lutte, une lutte inégale, mille dangers, la mort?... Que lui importe! sa piété filiale a grandi de l'immensité de son repentir, sa vigueur est décuplée par la soif de l'expiation : arrière les honteux calculs, les lâches compromis, les hésitations criminelles ! il s'élance. Mais par l'impérissable vertu du testament divin, par la bénédiction du père qui lie le ciel, Dieu vient combattre pour l'honneur de son alliance. L'ennemi succombe et se disperse, le père vengé rentre sous son toit, la maison recouvre son opulence, et la famille rétablie rend au premier-né les splendeurs royales de sa primogéniture que l'abaissement du foyer lui avait ravies.

C'est toi, France, cette fille aînée lâchement endormie devant les douleurs et les humiliations de l'Eglise ta mère ! C'est toi qui, dans un jour d'égarement, désertais l'honneur de la garde pontificale pour laisser la Révolution spolier ton père et découronner ton roi ! O France, le père renié, proscrit, te cherche, toi sa fille bien-aimée, la fille choyée de quatorze siècles d'amour. Dépouillé, vivant à cette heure de quelques pauvres aumônes, la vue de tes douleurs lui faisait oublier sa propre misère pour partager avec toi l'obole de la charité catholique, ce dernier subside que lui disputent encore ses ravisseurs.

France ! par ton passé, par tes gloires chrétiennes, par ton baptême, par tes apôtres, tes missionnaires ; par le sang de tes martyrs, par le sang de tes croisés modernes, ces fils héroïques de Lamoricière, réponds à l'appel de Pierre, à ses douleurs, à sa tendresse ! O France, voici qu'en ton nom un écho venu de l'exil, la voix retrouvée de tes rois, de tes héros, de tes saints, du meilleur sang de tes veines, la voix de Charlemagne et de saint Louis a crié vers le père : épave sauvée du naufrage de tes gloires, le fils des rois se montre à toi, une main tendue vers Pierre et l'autre inclinée vers ton abandon : debout, France, debout ! lion de Juda, secoue ta crinière : ta main dans cette royale main, crie vers Pierre et lève-toi !

Alors, comme devant le pennon de Clovis et l'oriflamme de Jeanne d'Arc, l'archange de Dieu marchera devant tes étendards : comme les remparts de Jéricho, les empires Césariens tomberont aux éclairs de son épée ; les abîmes seront fermés sur la Révolution refoulée dans leur sein loin des rivages catholiques. Par toi, le père reprendra sa couronne et le foyer son vieil honneur.

Alors Dieu te rendra les promesses de ton baptême et la pourpre royale de ta primogéniture : *Et tu seras encore enrichie de la rosée du ciel et de la graisse de la terre ; tu auras abondance de froment et de vin, les peuples te serviront, les tribus t'adoreront. Tu redeviendras le seigneur de tes frères, et les fils de ta mère se tiendront courbés devant toi ; et celui qui t'injuriera sera maudit, et celui qui te bénira sera comblé de bénédictions.*

J. M. J.

TABLE DES MATIÈRES

Bar-le-Duc. — Typ. L. GUÉRIN, rue de la Banque, 36.

www.ingramcontent.com/pod-product-compliance
Ingram Content Group UK Ltd.
Pitfield, Milton Keynes, MK11 3LW, UK
UKHW020201200726
13856UKWH00003B/1116

9 782011 782687